中国古代民俗

王辉 编著

中国商业出版社

图书在版编目（CIP）数据

中国古代民俗／王辉编著．－－北京：中国商业出版社，2014.12（2022.1重印）
ISBN 978-7-5044-8498-7

Ⅰ．①中… Ⅱ．①王… Ⅲ．①风俗习惯-中国-古代 Ⅳ．①K892

中国版本图书馆CIP数据核字（2014）第299140号

责任编辑：刘洪涛

中国商业出版社出版发行
010-63180647　www.c-cbook.com
（100053 北京广安门内报国寺1号）
新华书店经销
三河市吉祥印务有限公司印刷

*

710毫米×1000毫米　16开　12.5印张　200千字
2014年12月第1版　2022年1月第2次印刷
定价：25.00元

* * *

（如有印装质量问题可更换）

《中国传统民俗文化》编委会

主　编　傅璇琮　著名学者,国务院古籍整理出版规划小组原秘书长,清华大学古典文献研究中心主任,中华书局原总编辑

顾　问　蔡尚思　历史学家,中国思想史研究专家
　　　　　卢燕新　南开大学文学院教授
　　　　　于　娇　泰国辅仁大学教育学博士
　　　　　张骁飞　郑州师范学院文学院副教授
　　　　　鞠　岩　中国海洋大学新闻与传播学院副教授,中国传统文化研究中心副主任
　　　　　王永波　四川省社会科学院文学研究所研究员
　　　　　叶　舟　清华大学、北京大学特聘教授
　　　　　于春芳　北京第二外国语学院副教授
　　　　　杨玲玲　西班牙文化大学文化与教育学博士

编　委　陈鑫海　首都师范大学中文系博士
　　　　　李　敏　北京语言大学古汉语古代文学博士
　　　　　韩　霞　山东教育基金会理事,作家
　　　　　陈　娇　山东大学哲学系讲师
　　　　　吴军辉　河北大学历史系讲师

策划及副主编　王　俊

序　言

　　中国是举世闻名的文明古国，在漫长的历史发展过程中，勤劳智慧的中国人创造了丰富多彩、绚丽多姿的文化。这些经过锤炼和沉淀的古代传统文化，凝聚着华夏各族人民的性格、精神和智慧，是中华民族相互认同的标志和纽带，在人类文化的百花园中摇曳生姿，展现着自己独特的风采，对人类文化的多样性发展做出了巨大贡献。中国传统民俗文化内容广博，风格独特，深深地吸引着世界人民的眼光。

　　正因如此，我们必须按照中央的要求，加强文化建设。2006年5月，时任浙江省委书记的习近平同志就已提出："文化通过传承为社会进步发挥基础作用，文化会促进或制约经济乃至整个社会的发展。"又说，"文化的力量最终可以转化为物质的力量，文化的软实力最终可以转化为经济的硬实力。"(《浙江文化研究工程成果文库总序》)2013年他去山东考察时，再次强调：中华民族伟大复兴，需要以中华文化发展繁荣为条件。

　　正因如此，我们应该对中华民族文化进行广阔、全面的检视。我们应该唤醒我们民族的集体记忆，复兴我们民族的伟大精神，发展和繁荣中华民族的优秀文化，为我们民族在强国之路上阔步前行创设先决条件。实现民族文化的复兴，必须传承中华文化的优秀传统。现代的中国人，特别是年轻人，对传统文化十分感兴趣，蕴含感情。但当下也有人对具体典籍、历史事实不甚了解。比如，中国是书法大国，谈起书法，有些人或许只知道些书法大家如王羲之、柳公权等的名字，知道《兰亭集序》

是千古书法珍品,仅此而已。

　　再如,我们都知道中国是闻名于世的瓷器大国,中国的瓷器令西方人叹为观止,中国也因此获得了"瓷器之国"(英语 china 的另一义即为瓷器)的美誉。然而关于瓷器的由来、形制的演变、纹饰的演化、烧制等瓷器文化的内涵,就知之甚少了。中国还是武术大国,然而国人的武术知识,或许更多来源于一部部精彩的武侠影视作品,对于真正的武术文化,我们也难以窥其堂奥。我国还是崇尚玉文化的国度,我们的祖先发现了这种"温润而有光泽的美石",并赋予了这种冰冷的自然物鲜活的生命力和文化性格,如"君子当温润如玉",女子应"冰清玉洁""守身如玉";"玉有五德",即"仁""义""智""勇""洁";等等。今天,熟悉这些玉文化内涵的国人也为数不多了。

　　也许正有鉴于此,有忧于此,近年来,已有不少有志之士开始了复兴中国传统文化的努力之路,读经热开始风靡海峡两岸,不少孩童以至成人开始重拾经典,在故纸旧书中品味古人的智慧,发现古文化历久弥新的魅力。电视讲坛里一拨又一拨对古文化的讲述,也吸引着数以万计的人,重新审视古文化的价值。现在放在读者面前的这套"中国传统民俗文化"丛书,也是这一努力的又一体现。我们现在确实应注重研究成果的学术价值和应用价值,充分发挥其认识世界、传承文化、创新理论、资政育人的重要作用。

　　中国的传统文化内容博大,体系庞杂,该如何下手,如何呈现?这套丛书处理得可谓系统性强,别具匠心。编者分别按物质文化、制度文化、精神文化等方面来分门别类地进行组织编写,例如,在物质文化的层面,就有纺织与印染、中国古代酒具、中国古代农具、中国古代青铜器、中国古代钱币、中国古代木雕、中国古代建筑、中国古代砖瓦、中国古代玉器、中国古代陶器、中国古代漆器、中国古代桥梁等;在精神文化的层面,就有中国古代书法、中国古代绘画、中国古代音乐、中国古代艺术、中国古代篆刻、中国古代家训、中国古代戏曲、中国古代版画等;在制度文化的层面,就有中国古代科举、中国古代官制、中国古代教育、中国古代军队、中国古代法律等。

　　此外,在历史的发展长河中,中国各行各业还涌现出一大批杰出人物,至今闪耀着夺目的光辉,以启迪后人,示范来者。对此,这套丛书也给予了应有的重视,中国古代名将、中国古代名相、中国古代名帝、中国古代文人、中国古代高僧等,就是这方面的体现。

　　生活在21世纪的我们,或许对古人的生活颇感兴趣,他们的吃穿住用如何,如何过节,如何安排婚丧嫁娶,如何交通出行,孩子如何玩耍等,这些饶有兴趣的内容,这套"中国传统民俗文化"丛书都有所涉猎。如中国古代婚姻、中国古代丧葬、中国古代节日、中国古代民俗、中国古代礼仪、中国古代饮食、中国古代交通、中国古代家具、中国古代玩具等,这些书籍介绍的都是人们颇感兴趣、平时却无从知晓的内容。

　　在经济生活的层面,这套丛书安排了中国古代农业、中国古代经济、中国古代贸易、中国古代水利、中国古代赋税等内容,足以勾勒出古代人经济生活的主要内容,让今人得以窥见自己祖先的经济生活情状。

　　在物质遗存方面,这套丛书则选择了中国古镇、中国古代楼阁、中国古代寺庙、中国古代陵墓、中国古塔、中国古代战场、中国古村落、中国古代宫殿、中国古代城墙等内容。相信读罢这些书,喜欢中国古代物质遗存的读者,已经能掌握这一领域的大多数知识了。

　　除了上述内容外,其实还有很多难以归类却饶有兴趣的内容,如中国古代乞丐这样的社会史内容,也许有助于我们深入了解这些古代社会底层民众的真实生活情状,走出武侠小说家加诸他们身上的虚幻的丐帮色彩,还原他们的本来面目,加深我们对历史真实性的了解。继承和发扬中华民族几千年创造的优秀文化和民族精神是我们责无旁贷的历史责任。

　　不难看出,单就内容所涵盖的范围广度来说,有物质遗产,有非物质遗产,还有国粹。这套丛书无疑当得起"中国传统文化的百科全书"的美誉。这套丛书还邀约大批相关的专家、教授参与并指导了稿件的编写工作。应当指出的是,这套丛书在写作过程中,既钩稽、爬梳大量古代文化文献典籍,又参照近人与今人的研究成果,将宏观把握与微观考察相结合。在论述、阐释中,既注意重点突出,又着重于论证层次清晰,从多角度、多层面对文化现象与发展加以考察。这套丛书的出版,有助于我们走进古人的世界,了解他们的生活,去回望我们来时的路。学史使人明智,历史的回眸,有助于我们汲取古人的智慧,借历史的明灯,照亮未来的路,为我们中华民族的伟大崛起添砖加瓦。

是为序。

傅璇琮
2014年2月8日

前　言

　　民俗是人类的群体因特定的地理环境与社会条件、社会需要而逐步形成的，传承于社会的，具有一定的流传范围或区域、一定的流行时间，甚至始终生生不息的趋同性的行为模式和生活惯制，是一种群体性的社会文化创造。

　　风俗是世代传承的群体性的生活文化，它伴随人类生活的始终，有着漫长的历史。中国是一个地域辽阔的大国，又是拥有五千年历史文化的文明古国，在其发展进程中，经历了多样的社会形态，又融汇了众多的民族及其丰富的文化。其中风俗是中国传统文化的重要部分。各个民族适应各自的自然环境和历史发展条件创造出独特的风俗文化。正是由于各个民族和各个区域风俗的差异性，才造就了丰富多彩的中国民间风俗。

　　中国古代民俗文化有着丰富的内容，各民族各地区的风俗礼仪都有其特殊性，那些似曾熟悉的习俗和场景总会激发人们无限的遐想和更多样的话题，从而激发读者的阅读兴趣。因此，本书主要是从内容分类方面对中国古代风俗礼仪作细致的阐述，并力图挖掘其背后的文化内涵。风俗礼仪有传承性的特征，古代的风俗礼仪可能会在现代语境中以变化了的面目出现，所以本书在阐释风俗礼仪时会突破地域和民族的界限，全方位展示中华大地上广阔领域内的风俗礼仪。以此为出发点，本书将从人生仪礼习俗、服饰文化礼俗、饮食风俗礼仪、节日风俗礼仪、禁忌习俗等方面来安排结构，力图展示中华民族丰富多彩的风俗礼仪画卷，让读者在欣赏多彩礼仪的同时获得思想的培育和传统文化的熏陶。

因为民俗是我们生活于其中的文化，既不纯粹是历史的遗物，也不全是今日的创造，它起始于远古社会却又贯穿于今天的社会当中。在当今全球化和国际化的背景下，外来文化正从各个方面冲击着中国的本土文化，我们了解过去的民俗文化是为了创造更健康、更丰富灿烂的民俗文化，这在增强民族凝聚力、提高民族自信心以及形成本民族独特的观念、意识、思想、道德等方面都曾发挥过重要的作用，都有积极的社会意义。

生活是风俗礼仪的源泉，风俗礼仪的很多内容是关于衣食住行、服饰器用的习惯、规定和约束，尽管现代的生活与历史上有较大的差别，但本书在具体内容的选择上尽量贴近现代生活，力求贯穿古今，不让读者产生太大的距离感。

古代中国已经离我们远去，当今社会的发展日新月异，风俗礼仪也随之呈现出崭新的面貌。但无论如何变迁，它总有自己的根脉，读者诸君可以从中看到现今社会风俗礼仪的源头，也能从中汲取有益的成分。

目录

第一章　古代民俗概论

第一节　众说纷纭说民俗 ……………………… 2
民俗的概念与内涵 ……………………………… 2
风俗的概念与内涵 ……………………………… 4
习俗与礼俗 ……………………………………… 5
风俗、民俗、习俗与礼俗的相互关系 ………… 7
民俗的形成原因 ………………………………… 8
中国古代民俗的特征 …………………………… 10
民俗在社会生活中的作用 ……………………… 13

第二节　民俗的类型划分 ……………………… 15
衣食住行——物质民俗 ………………………… 16
整体制约——社会民俗 ………………………… 18
精神世界——意识民俗 ………………………… 19

第三节　古代民俗的发展历程 ………………… 21
民俗的产生与发展 ……………………………… 21
简朴粗野的上古民俗 …………………………… 24
初具形态的先秦民俗 …………………………… 27

变动融合的汉魏六朝民俗 ……………………………… 29

兼容并包的隋唐民俗 …………………………………… 31

多元交融的宋辽金元民俗 ……………………………… 33

百态并发的明清民俗 …………………………………… 35

第二章　古代人生礼仪民俗

第一节　传统寿诞礼俗 ……………………………… 40

祈寿礼俗 …………………………………………… 40

寿诞礼俗 …………………………………………… 42

寿庆物语 …………………………………………… 43

第二节　古代婚姻风俗 ……………………………… 46

婚姻的形成与发展 ………………………………… 46

婚姻形态 …………………………………………… 51

媒人 ………………………………………………… 52

相亲 ………………………………………………… 54

聘礼 ………………………………………………… 56

迎亲 ………………………………………………… 58

拜堂 ………………………………………………… 59

喜宴 ………………………………………………… 60

闹洞房 ……………………………………………… 62

传统婚礼 …………………………………………… 64

第三节　古代丧葬民俗 ……………………………… 72

丧礼的起源与演变 ………………………………… 72

古代丧葬礼仪 ……………………………………… 75

丧葬的几种形式 ·········· 78

第三章　古代服饰民俗

第一节　古代服饰概论 ·········· 82
　　古代衣服的起源 ·········· 82
　　古代饰品的起源 ·········· 83
　　古代服饰的分类 ·········· 86
　　古代民族服饰 ·········· 87

第二节　古代服饰文化 ·········· 90
　　千年不变的龙袍 ·········· 90
　　文武百官的制服 ·········· 91
　　古代官员佩饰 ·········· 93
　　古代命妇服饰 ·········· 96
　　特殊的商人服饰 ·········· 97
　　古代鞋制的演变 ·········· 98
　　多姿多彩的颈饰 ·········· 101
　　流光溢彩的手饰 ·········· 103

第四章　古代饮食民俗

第一节　古代饮食民俗概述 ·········· 106
　　什么是饮食民俗 ·········· 106
　　饮食民俗形成的原因 ·········· 106
　　中国饮食民俗的特征 ·········· 107

第二节　古代民族饮食习俗 …………………………… 110

汉族的日常食俗 …………………………… 110

汉族传统节日美食 …………………………… 111

少数民族的日常食俗 …………………………… 114

少数民族的节日食俗 …………………………… 120

第三节　古代饮品民俗 …………………………… 124

酒的起源和演变 …………………………… 124

古代酒礼 …………………………… 127

古代酒道 …………………………… 129

古代酒令 …………………………… 130

茶的发展与传承 …………………………… 131

古代茶礼 …………………………… 134

古代茶道 …………………………… 135

第五章　古代节日民俗

第一节　节日风俗的发展与演变 …………………………… 138

节日风俗的产生 …………………………… 138

节日风俗的定型 …………………………… 139

节日风俗的变化 …………………………… 140

节日风俗的进一步发展 …………………………… 143

第二节　中国节日民俗 …………………………… 144

春节民俗 …………………………… 144

清明民俗 …………………………… 146

端午民俗 …………………………… 148

中秋民俗 ·· 150
重阳民俗 ·· 152

第六章　古代民间信仰与祭祀民俗

第一节　古代民间崇拜与信仰民俗 ·············· 156

古代民间崇拜与信仰 ································ 156
鬼魂崇拜 ·· 157
祖先崇拜 ·· 161
天地崇拜 ·· 163
自然崇拜 ·· 165
俗神信仰 ·· 169
行业神信仰 ··· 173

第二节　古代祭祀民俗 ····························· 175

祭礼的起源与发展 ·································· 175
中国民间祭祀的产生与发展 ······················ 177

参考书目 ··· 182

第一章

古代民俗概论

中国民俗源远流长，古往今来，它无时无刻不在影响着华夏子孙的思想与行为。在当今的中国，无论是学术界，还是旅游界，对它的关注更是与日俱增。然而，因认识的角度不同，人们对中国民俗事象的理解存在着一些明显的差异。

第一节
众说纷纭说民俗

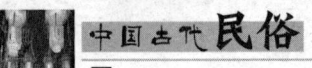

民俗的概念与内涵

有关民俗的概念，中外学术界至少有数十种之多，真可谓众说纷纭，莫衷一是。

1. 中国古文献的界定

民俗一词，在中国早已有之。《管子·正世》就曾写道："料事务，察民俗。"《礼记·缁衣》载有："故君民者，章好以示民俗，慎恶以御民之淫，则民不惑矣。"《史记·孙叔敖传》记载："楚民俗，好庳车。"《汉书·董仲舒传》也说："变民风，化民俗。"

在这些古文献中，民俗之"民"字系指普通百姓，换句话说，就是庶人，可以衍申为民间的意思。它与《尚书·五子之歌》的"民惟邦本"以及《孟子·尽心下》的"民为贵，社稷次之，君为轻"中的"民"字含义基本相同。而"俗"字则为习惯、习尚。汉文"俗"字最早见之于《卫鼎》等西周青铜铭文中，《说文解字》训为"习也"，《吕氏春秋·孝行览·长攻》注谓"常也"，《荀子·富国》解释为"民之风俗也"。也就是说，某一种行为经屡次、经常的重复或模式化，便演变成为俗。所以，魏阮籍在《乐论》中称："习而行之谓之俗。"由此可见，中国古代的民俗，即为百姓习尚、民间习俗。

2. 现代学者的阐释

虽然"民俗"的概念在我国早已确立，但作为民俗学上一个术语的"民俗"则是从国外传来的。19世纪上半叶，欧洲流行一种叫"大众古俗"（Popular Antiquities）的学问。英国学者汤姆斯对此非常不满，在1846年首次提出"民俗"这一概念，引起英国学术界的轰动。1878年10月，世界上第一个"民俗学会"在英国成立，从此，"民俗"在欧洲成为通用语。"民俗"传入中国则是20世纪20年代的事。1922年12月，北京大学歌谣研究会出版《歌谣周刊》，在它的"发刊词"中第一次使用"民俗"术语。1927年11月，中国第一个"民俗学会"在广州成立。翌年3月21日，《民俗周刊》出版。这样，"民俗"在中国逐步得到社会各界的广泛承认和运用。

有关"民俗"这一概念的理论阐述，现代学者分歧较大，也各有所长，各有所短，但其中形成共识的有：

（1）民俗的主体是群体而非个人。无论学者对群体的理解如何，都没有否认过这一点。他们认为，民俗是人类社会的产物，随着人类社会的出现、发展而发展。虽然在某一特定的历史时刻，某个人物的行为对民俗有一定的影响，但效果是有限的。只有当个体行为被集体接受、仿效、传承，它才能演变为民俗。

（2）民俗是一种特殊文化。文化是人类在其历史发展过程中创造的物质财富和精神财富的总和。从人类文化结构看，文化可以分为三个层次，一是乡土农民文化，二是城镇市民文化，三是仕官文化。自民俗学诞生以来，中外学者无不把民俗看作最重要和最基本的文化现象之一。例如，加利福尼亚大学教授威廉·巴斯寇姆在1953年发表的《民俗学与人类学》一

古代民俗剪纸

文中说：对人类学家来说，民俗是文化的一部分，但不等于整个文化。

（3）民俗事象具有模式性。民俗是由众多民俗事象构成的，民俗事象在社会中一旦形成，就表现为民俗模式，成了一个自控又自动的表演系统。民俗模式体现在时间的节律上就是，只要适合这一民俗事象的政治、经济、社会等条件不消失，它会在群体"被人们遵照，无止境地重复出现"；体现在民俗构建上即按某种稳定的程式或步骤有秩序地展开。如春节就要进行扫尘、祭灶、吃年夜饭、守岁、燃放爆竹、祭祖、敬财神、拜年等程序，这些程序中民俗含有具体步骤。"我们对民俗的认知是与我们对民俗模式的把握密不可分的。当我们观察个体的活动以及群体在特定情境中的活动的时候，我们并不能直接就把它们当作民俗，因为它呈现给我们时，它们只是个别的、一次性。只有当我们观察到它们的重复呈现之后，我们才能确认它们为民俗。也就是说。只有当我们确认它们体现了某种模式之后，我们才能确认它们为民俗。"

综上所述，民俗是在人类历史的发展过程中，一定的群体为适应生产实践和社会生活而逐渐形成的一种程式化的行为模式和生活惯制，以民族的群体为载体，以群体的心理结构为依据，表现在广泛而富于情趣的社会生产与生活领域的各个方面，是一种集体性的文化积淀，是人类物质文化与精神文化的一个最基本的组成部分。它创造于民间，传承于社会，并世代延续承袭。

风俗的概念与内涵

所谓风俗，是指在某一特定的社会文化区域内人们所共同遵循的行为模式或社会规范。中国自古以来就有重视民间风俗的优良传统，许多早期的史书都提到了风俗的重要意义。《汉书》说"观风俗，知得失"，《新唐书》说"为政必先究风俗"，这些都成为历代国君恪守的金玉良言。统治者不仅会亲自过问风俗民情，还委派官吏到各地考察民风民俗，比如《诗经》中的国风部分就是周代乐官到民间搜集歌谣，了解各诸侯国政治和风俗的盛衰利弊而形成的。在制定国策时统治者都把这些风俗作为重要的参照，并由史官载入史册。对普通百姓来说，每到一个地方，都要根据当地的习俗行事，了解该地忌讳和禁止的事情，避免违背了当地的风俗习惯，这也就是人们常说的"入乡随俗，入国问禁"。

另外，值得一提的是，在汉语中"民俗"和"风俗"的内涵是很接近的。不过，"民俗"一词侧重于"俗"的主体，即民众；而"风俗"一词则侧重于"俗"的特性，即容易流传的特征。但在很多情况下，"民俗"和"风俗"其实是可以通用的。

风俗礼仪在中国历史上曾经起过重要的作用，中国古代"礼"与"俗"是紧密联系在一起的，上层统治者总是把民间的"俗"规范化、体系化，并设官员加以管理。"一部《周礼》，与其说是周代的礼制礼法，不如说是周代民俗的礼制化和官制化。"应劭在《风俗通义》的序中说："为政之要，辩风正俗，最其上也。"正因如此，统治者才会强调移风易俗，突出其教化的功能，"在儒家思想的指导下对礼和俗进行了整合就是礼俗"。

风俗和礼仪在社会发展过程中，二者之间的界限越来越模糊，上层统治者高举礼仪的旗帜，通过以礼化俗的过程，把其推崇的社会观念形态推向整个社会，使民众的世俗生活理性化，成为民众习而不察的日用之学。所以，二者相互依存、彼此影响、共同发展，并加强了上层文化和下层文化之间的双向交流，同时强化了民众的地方认同、民族认同和国家认同，增强了中华文化的凝聚力。

习俗与礼俗

说得更直白一些，风俗其实就是习俗和礼俗的合成。

1. 习俗

"习俗"这个名词出现在先秦时期。《荀子·荣辱》记载："注释习俗之节异也。"《战国策·赵策》也记："常民溺于习俗。"秦汉以降，"习俗"的使用相当普遍。《史记·秦始皇本纪》说："遂登会稽，宣省习俗，黔首斋庄。"董仲舒《春秋繁露·王道通》亦讲："人主以好恶喜怒变习俗。"

"俗"字如前所叙。"习"字最早见于商代的甲骨文，字形作"習"，上部象形鸟的羽毛，下部为声符，东汉《说文解字》解释为"数飞也"，即反复飞翔的意思。后来，随着汉文化的发展，"习"在本义的基础上又引申为复习、学习、习惯、习性。"习"与"俗"的意义相近或相通。根据以上解释，习俗简言之，即地域性很强、阶层性明显、相沿积久的一种群体性的习惯和

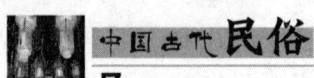

非强制性的行为规范。故《荀子·儒效》说："习俗移志，安久移质。"杨惊注："习以为俗，则移其志；安之既久，则移本质。"颇有道理。

2. 礼俗

中国向来就有"礼仪之邦"的美称。"礼俗"实为礼仪与风俗的缀合。

礼，朱熹注《论语》曰："谓制度品节也。"章太炎《检论》释礼为："法度之通名，大别为官制、刑法、仪式是也。"它泛指我国周朝以来维护统治阶级专制统治的礼节仪式，是一种制度化了的道德规范与行为规范，具有导向性和强制性的特征。根据现代学者的研究，礼源于俗，俗先于礼。礼一经形成，成为一种"理想形态"的行为规范，并凝结成典章制度，就与俗有了明确的分野。但是，礼对俗具有极大的渗透、影响和制约力量，统治者在实践礼的过程中，当一部分风俗发展到符合统治者需要时，统治者便将礼的原则融进这部分风俗中，从而将"礼"与"俗"不同程度地统一起来——这部分风俗就升华为礼俗，成为"礼制"的道德规范和行为规范。与此同时，礼俗一经统治者纳入礼仪之道，加以推广，对整个社会生活便产生巨大的调控和影响作用，它的普及也得到大大加强。

知识链接

"摇风"纳凉

古代的老百姓主要靠扇子纳凉，扇子多是用竹编的，古人称之为"摇风"，又叫"凉友"。经济条件好的人家会买用绢帛制成的扇子，摇起来也轻松。如果是文人墨客再在扇面上写诗作画，还真有些情趣。如果是达官贵人，在酷暑则可以享受"人工风扇"带来的惬意。"人工风扇"即在一个轴上装上扇叶，轴心上拴有绳索，仆人手摇轴心上的绳索，扇叶被带动旋转则可产生凉风，当然布衣是享受不起这种风扇的。

风俗、民俗、习俗与礼俗的相互关系

风俗、民俗、习俗、礼俗在中国历史长河中普遍存在，它们一方面构成中华传统文化的重要组成部分，另一方面又对中华传统文化和中华儿女的社会生活施以重大影响。

从宏观的角度讲，风俗、民俗、习俗、礼俗关系十分密切，彼此相互依存，互为表里。它们既源于社会生产和社会生活，又与社会生产、生活水乳交融，混同一体；既是社会生产与生活的一部分，又是没有个人版权的群体文化；既是倾向性的社会行为，又具规范性的特征。在某种特定场合，它们可以通用。

从微观的角度分析，它们之间是有差异的。

（1）概念界定的范围广狭不同。风俗概念的外延最广，不仅限民间习俗、

古代民俗画

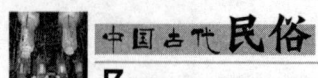

礼俗，还包括朝野上下、雅俗共有的风气、时尚和惯制。习俗次之，它包含官方和民间的习惯。民俗再次之，礼俗最窄。

（2）传承时间不一。民俗、习俗、礼俗和风俗中的绝大部分均具有历史传承性，但风俗中的有些风尚却只能短期被仿效、"趋同"，不能长久地传承下去，转化为俗。

（3）功用强弱相异。风俗、民俗、习俗是人们为应付各种环境，满足各种需要而不断积累创造出来的，它们对人们的生活影响无所不在。这种影响不是急风暴雨、强制性的，而是和风细雨、耳濡目染、潜移默化的。它一经形成，便长久传习，融入人们的意识和行为之中。礼俗既具民俗、习俗的特征，又具礼制的特性，对社会的规范带有强制性和整合性。一个人的行为如果有悖于礼俗，便会遭到严厉的责难和制裁。

风俗、民俗、习俗和礼俗关系紧密，给我们的研究工作带来一些困难。但通过上面的分析，它们的本质已比较清楚，界定也较明确。民俗就是民间习俗，我们开展特色旅游，需要大力开发的，就是中国的民俗。

民俗的形成原因

任何一个民族的民俗事象的产生、发展以及传承都离不开当时的历史背景、政治环境、人文地理、经济基础、文化传统等因素，所以民俗形成的原因是多方面的。决定民俗的产生和发展的主要因素有以下几种：

1. 政治原因

一个民族、一个国家没有绝对的、单纯的民俗事象，它体现了该民族、国家的社会政治要求，并在一定的社会政治背景下按照一定的规律来反映。当人类进入阶级社会以后，统治阶级为了达到政治目的，一方面采取愚民政策，另一方面采用压制手段，使民俗适合自己的需要。如我国在几千年的封建社会中，每一个历史时期的封建统治者都对民俗的形成、发展产生巨大影响，从婚丧嫁娶、社交礼仪以及生产、生活中的各种信仰及禁忌，都充满了该历史时期封建统治阶级的思想意识。

2. 经济原因

在人类社会发展的过程中，经济基础始终决定着上层建筑。民俗作为一种文化事象，属于社会的上层建筑。经济基础对民俗的产生、发展起着最终的决定作用。比如，目前欧美的大部分民族已进入现代社会，甚至是后现代社会，亚洲的许多民族正在步入现代社会。但世界上仍然有一些民族生活在前现代社会或原始社会，由于从事的经济活动不同，从而产生了与之相适应的各不相同的生活方式和风俗习惯。

3. 地域原因

民俗对自然环境有很强的适应性和选择性，有什么样的自然环境，就会产生什么样的民俗。不同地域的民族，无论是居住、服饰、婚丧、交通、饮食等民俗都各不相同。就居住而言，我国北方的游牧民族由于环境的影响必须"逐水草而居"，所以至今还居住在容易搬迁的帐篷式的"蒙古包"里，西北黄土高原的人们则住窑洞住宅；就服饰而言，行进在大漠之中的阿拉伯人习惯穿传统的宽大长袍，生活在恒河两岸的印度妇女则身着沙丽；丧葬习俗也各有千秋，丧葬方式有土葬、天葬、水葬等，丧葬礼仪也有所不同，新加坡人办丧事悲痛欲绝，印度尼西亚巴厘人则把丧事当作白喜事办，热闹非凡。

4. 信仰原因

民间信仰或宗教信仰对一个民族民俗的影响非常深刻，很多重要民俗都与民间信仰或宗教信仰有关。由于人们对天地、日月、星辰、水火、雷电等自然物或自然现象的崇拜，对虎、鸟、蛇、桃树、柏树等动植物及图腾、祖先的崇拜，对财神、门神、河神等神灵的信仰，对道教、佛教、伊斯兰教、天主教、基督教等宗教的信仰，产生了五花八门的民俗，并体现在社会生产、生活、饮食等诸方面。另外，中国的许多民俗仪式都源于"天人合一"的信仰，而西方的许多民俗都源于"神人合一"。

中国古代民俗的特征

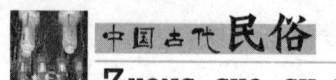

民俗尽管种类繁多，内容丰富，但作为一种社会现象，民俗具有以下共同特征：

1. 民族性与地域性

民族是具有共同语言、共同地域、共同经济生活、共同文化、共同心理特征的民众共同体，是民俗的载体。民俗是民族的标志，不同的民族受历史条件、经济生活、地理环境和宗教信仰、语言艺术等多种文化传统的影响形成了不同的民俗。而同一类民俗在不同的民族中又产生不同的表现形式。这就是民俗的民族性特征。正是由于此特征，民俗才具有不可抗拒的魅力。如游牧民族的骑射，山地民族的采集，以及西南少数民族的"抢婚"仪式与"试婚"习俗等都体现了民族性特征。

泼水节狂欢

常言道："十里不同规，百里不同俗。"民俗在空间上受到一定地区的生产、生活条件和地域的制约，具有一定的地域性特征。这种地域性特征的形成与各地区的地理位置、自然资源、生产发展及社会风尚传统的独特性有关，使各类民俗不同程度地带有地方色彩。例如，饮食民俗中的粤、闽、皖、鲁、川、苏、浙、湘八大菜系，其地域性就十分突出。

2. 集体性与类型性

民俗的集体性是民俗的本质特征。民俗是集体智慧的结晶，有的是集体创作的，有的是先由集体中的个别人创造，经集体的认可加工而形成的。经过集体一代代的传承和完善，才使民俗的丰富多彩有了可能。如神话、民间故事、民间小戏、民歌对唱等。

民俗的类型性是指民俗的内容和形式方面彼此的相似性。这是人们约定俗成的行为方式和共同遵守的标准。因为民俗是由民众创造、传承和使用的，因而缺少个性，如社交礼仪民俗、人生礼仪民俗。

3. 传承性与播布性

民俗的传承性是指民俗在历史发展过程中的纵向延续。民俗产生以后，得到社会的承认，就时刻约束着人们的行动和意识，并经久不衰地为人们所承袭。如许多民族的祭祖仪式、丧葬仪式世代传承；我国许多民间传统节庆活动如清明节、端午节、中秋节等，历经各个时代的风雨，到目前仍被不同程度地继承和沿袭。正是在这种世代传承过程中，民俗才成为民间约定俗成的事象。

民俗的播布性是指民俗在空间上的横向传播。一定地域、一定民族的民俗会随着不同地域、不同民族的相互交往（如婚姻、迁移等）而向外扩散。民俗的播布性形成了多元民俗文化相互间的碰撞、吸收和发展。如西方饮食文化中的麦当劳、肯德基等传入我国后，逐渐被大中城市市民接受，并融入了我国饮食文化的内容。

4. 稳定性和变异性

民俗体现着某个地域、某个民族绝大多数人的集体意识，被大多数人共同遵守，一旦形成就有较强的稳定性，往往许多年不变或变化很小，即使是一些落后的习俗，由于在民间根深蒂固，改变起来也很困难。中国经过了许多次的社会变革和朝代更迭，有些民俗在不断完善和补充的基础上，一直传承到现在。如元宵节的吃元宵、清明节的扫墓、中秋节的赏月等习俗，在先秦两汉就已经定型，一直沿用至今。

变异性是指民俗在不同时期、不同地域的流传过程中引起的内容和形式上的变化。民俗作为世代相传的事象，不是代代依旧、一成不变的，而是因历史时代和经济条件不同、地方生活不同、民族传统不同，在流传中自然变异。根据不同民俗事象的变异规律，可以继承优良传统，使美好的民俗发扬光大，对存在弊端的民俗逐步优化和完善。但民俗的变异性不能理解为随意以个人意志强行改变，这样只能适得其反。

民俗的变异性实际上是民俗文化自身的调整。存在于现实生活中的民俗事象大都是古代民俗传承变异的结果，所以传承性与变异性是民俗发展过程中的矛盾统一体。正是传承基础上的变异和变异过程中的传承，才形成了今天绚丽多姿的民俗事象。

5. 神秘性与实用性

就民俗事象本身性质来说，神秘与实用是传统民俗的一大特征。大多神秘的民俗行为，都是服务于民众的实用目的，即人们的生活需要。

民俗的神秘性大致有两个方面的表现：一方面是人们在从事某项民俗活动时常带有一种神秘心理，认为习俗之所以如此是因为具有一种神秘的力量，如动植物崇拜、图腾与祖先崇拜、民间禁忌等，都有一种不可理解的神秘性；另一方面，有些民俗活动本身表现出一种神秘气氛，如各种驱邪赶鬼的神秘仪式等。当然，神秘心理与神秘行为在民俗事象中是不可分离的。

实用性是民俗最本质的特征。尽管民俗种类繁多，形态各异，但其中最本质的特征是实用性。民俗服务于人们的生产与生活，人们依赖民俗结成相互关系，依赖民俗开展生产，依赖民俗繁衍后代，依赖民俗寻求精神愉悦。民众创造了民俗，民俗服务于民众，直接适应了民众精神与物质生活的需要，因此，无论民俗表现得多么神秘，多么奇异，实用是其根本目的。如巫术信仰就是人们希望利用神秘力量达到为自己服务的目的。当然，民俗的实用性，不仅仅表现在信仰心理方面，更重要的是许多民俗活动在民众实际生活中起

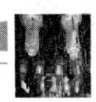

着重要的作用，有着实用的价值。

民俗在社会生活中的作用

民俗具有广泛的社会基础，在社会生活中占有重要的地位；民俗又具有很强的时代性，在人类社会发展的过程中起着承前启后的作用。即便是现在，民俗仍以其独特的魅力，发挥着巨大的社会作用。

1. 民俗的社会维系作用

民俗是世代传承的事象，在传承过程中，统一人们的思想和行为，使社会保持稳定，使社会成员保持向心力和凝聚力，并以约定俗成的力量约束着每个社会成员的行为，这就是民俗的社会维系作用。这种作用是一种无形的力量，让人们愿意自觉地去遵守，或者潜移默化地让人们以无意识的习惯性思维或者活动去遵守，形成相同或相似的思维方式或价值观念，从而成为一种群体的标准模式，成为人们认同自己所属集团的标志。如世界各地的华人华侨，虽身处异国他乡，但他们通过讲汉语、吃中餐、过中国传统节日等方式，与自己的民族保持认同。

2. 民俗的规范作用

民俗作为一种民族统一体所共有的事象，约束和控制着每一位社会成员的行为。民俗的这种规范作用，虽然不像法律那样具有强制性，但总是以一种社会习惯的力量出现，无形中支配和调节着人们的行为。从衣食住行到婚丧嫁娶，从社交礼仪到精神信仰等一切人类社会生活都不知不觉地受民俗文化的影响和制约。

3. 民俗的教育作用

人是社会成员之一，人的一生都生活在民俗中，民俗在人的成长过程中起着至关重要的教育作用。诞生礼使他出生，民间文学中的儿歌、故事等教他如何分辨是非、认识社会，称谓和交际礼仪使他理解人际关系，成年礼、婚礼使他懂得对社会、家庭的责任，生产民俗和衣食住行民俗教他如何面对

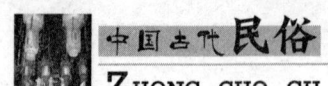

生活，丧葬礼送他离开这个世界。在忙忙碌碌的一生中，民俗的教化作用教育培养了他尊老爱幼、大公无私、热情善良、乐于助人等美德。

4. 民俗的娱乐作用

民俗的娱乐作用是指对社会成员产生的愉悦调剂作用。人类创造文化的目的就在于享用它。在劳动创造的过程中，人们总是千方百计地在适当的时间以适当的方式进行娱乐活动，借以休息放松、调节精神、享受劳动成果。民俗文化中的娱乐，有着极为丰富的内容，如游艺民俗中的民间歌舞、民间戏曲、民间竞技、民间游戏等是最具参与性、最富娱乐性、最有旅游吸引力的。人们可以在参与的过程中，尽情享受民俗活动的魅力。除游艺民俗外，在其他众多的民俗事象中，传承于民间的大部分民俗活动，带有极为浓厚的娱乐性质。如傣族的泼水节、侗族的花炮节、藏族的罗布林卡节（意为"世界快乐日"）以及德国慕尼黑的啤酒节、世界各地的狂欢节等，这些活动可以调节生活，提高旅游者的情趣、陶冶情操，达到悦目愉心的效果。

5. 民俗的审美作用

民俗的审美作用是指民俗对社会成员产生的愉悦审美。它和民俗的娱乐作用是紧密相连的。民俗文化中的许多内容，几乎都是以审美为主的，如民间工艺、民间建筑、民间服饰、民间文学等。人们通过对民俗的感知得到一种美的享受。随着旅游业的发展，民俗旅游资源较高的审美价值，越来越被人们重视和喜爱。

6. 民俗的交流作用

不同民族，不同地域，有着不同的民俗事象，民俗的差异性正是民俗的魅力所在，因而民族、地域间需要不断交往以增进了解。随着经济全球化的发展，人们的交往愈加便利，交往的内容愈加多样。在交往过程中，必须重视和承认文化的差异性，而最大的文化差异就是民俗，所以人们必须通过不同民俗的相互交流，以了解不同民族对同一事物的不同认识与不同反映，找出大家都能接受的一面，从而维护世界的和谐发展。

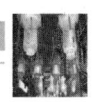

知识链接

古人的冷饮

古人没有电冰箱冷镇食品、制造冰块，官府在冬天大量贮藏天然冰雪于冰窖中，一旦夏天到来，有钱人家便买来冰块或者白雪，拿出来摆放在居室当中就成了"冰盘"。冰雪在融化时不断散发凉气，这制冷的效果丝毫不亚于今天的空调，还不耗电，不污染环境。宋代经济繁荣，冷食花样翻新，民间出现了果汁加冰块的冷饮。元代蒙古人喜爱乳品，他们把果汁、乳品和冰雪混合在一起食用，这种冷饮算是冰激凌的雏形，后来马可波罗把这种吃法带到了欧洲，经过改进后才有了今天的冰激凌。

第二节
民俗的类型划分

中国民俗凝聚着几千年来中华儿女对美好生活的追求、向往以及文化创造，它存在、表现、渗透于社会生产与生活的各个领域，用"无时不有，无所不在"来形容是最恰当的。归纳起来，我国的民俗不外乎物质民俗、社会民俗和意识民俗三大种类。

衣食住行——物质民俗

物质民俗，是中华民族在物质生产、消费和流通中所形成的文化传承，系中国民俗的多层次结构中的基础层面。物质民俗归纳起来大体有以下九个方面：

1. 农耕民俗

我国是一个古老的农业大国，由于气候、地形、土壤等自然条件因素差异，各地在农耕的作业方法、农具使用、作物品种、生产仪式和信仰等方面产生了不同的特点，并沿积成俗。大体上说，秦岭——淮河线以南、青藏高原以东属水田农耕民俗类型，以北归旱地农耕民俗类型。

2. 畜牧民俗

这是我国草原民族蒙古族、裕固族、藏族等的主要生产民俗和汉族、南方山地少数民族的辅助生产民俗。大兴安岭——阴山——贺兰山——青藏高原东缘一线的西、北，属牧区畜牧民俗类型，以草原为生产空间。分界线之南之东为农耕区畜牧民俗类型。

3. 渔猎民俗

捕鱼、狩猎是一种古老的生产方式，起初在我们先民的社会生活中占据主导地位，随后因生产力的发展，退为次位，但至今仍为乡民的物质生产补充，在个别地区甚至还相当重要。从民俗地理学的角度看，只要有山林、江河、湖海的地方，都分布有渔猎民俗。渔猎民俗，根据其内容，存在着渔业民俗与狩猎民俗两种类型。

4. 手工业民俗

手工业是我国的传统行业，分工很细。长期以来，它们是作为传统农业的辅助而存在的。由于各地经济水平参差不齐，手工业的种类和技术含量差别较大，因而反映在民俗行为和习惯上，也就千差万别。一般而言，少数民族地区的手工业民俗比较贫乏，汉族地区相对丰富。

5. 商业民俗

这是指商业领域中的习俗惯制，从商业经营的对象来考察，商业民俗又有贸易民俗与金融民俗两种类型之分。

6. 服饰民俗

这是指人们（主要是平民百姓）衣着穿戴的习俗惯制。其产生多缘于抵御风寒、保障人身安全。后来，随着物质文明的进步、文化的发展，服饰民俗由简趋繁，由粗至精，由少到多，日益体现出一个地方、一个民族、一个群体的审美情趣和伦理观念。质料、款式、色调、工艺构成了服饰民俗的基本要素。

7. 饮食民俗

这是人类在维持生命和进行节日庆典时，渗透进自然、社会、历史因素，而升华形成的饮食文化。包括饮食惯制、饮食结构、饮食口味、饮食器具和烹调方式等。大兴安岭——阴山——贺兰山——青藏高原东缘分界线以北、以西区域，饮食结构属动物脂肪蛋白质型；分界线以南、以东区域，属植物淀粉型。中国饮食民俗还讲究餐具与菜式的搭配，让人们在饮食中得到美的享受。

8. 居住民俗

居住源于人类保障身体健康、安全的栖身行为。中国居住民俗经历了洞穴居、巢居——穴居、半穴居——地面居的进化过程。民居的类型主要有窑洞式、穹庐式、干栏式、上栋下宇式等。民居的建筑讲究选址、布局。

窑洞民居

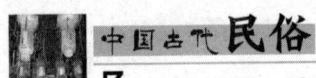

9. 行旅民俗

这一民俗又称交通民俗，在我国主要表现为三方面的传承形态：行旅的习惯路线，出行凭借的交通工具，出行的仪式。

整体制约——社会民俗

社会由人组成，人与人之间通过生产、生活形成各种各样的群体，群体的结合和交往便产生了社会民俗。社会民俗一旦约定俗成，人们的言行就受到它的制约。社会民俗具体包括以下内容：

1. 人生礼仪民俗

人从生到死都必经几个阶段，作为人生旅途中各阶段标志的界点礼仪，构成了人生礼仪民俗。人生礼仪民俗的核心为育儿礼、成年礼、婚礼、寿礼和葬礼。在中国传统习惯中，五大礼仪都有隆重而烦琐的仪式，深受中国封建礼制、礼教的影响，它是所有民俗事象中礼制成分最浓、传承最为稳定、最受人们重视的民俗。例如，婚礼，从先秦"六礼"开始，后虽几经简化，但其主要礼仪仍在传承，为全体中国人所遵循。

2. 岁时节令民俗

岁时节令民俗是人类社会发展到一定历史阶段的产物，它的产生、发展与天文历法、农业生产以及原始崇拜、宗教信仰有密切的关系。它的构成有两个必备条件，一是有具体、稳定的日子；二是有一定的民俗活动。我国民俗性的岁时节令很多，从内容上考察，大致有农事节日、宗教节日、祭祀节日、纪念节日、文化游乐节日、庆贺节日、商贸节日、社交节日八类。节日的活动越来越丰富，娱乐性、礼仪性也日益增强。

3. 社会结构民俗

社会是个共同体，在这个共同体中存在着许多大大小小的基本结构单位，如家庭、家族、亲族、乡里聚落、社团、帮会等。这些基本结构单位为维持其延续和发展，维系成员间的感情，逐步形成了传承民俗与习惯。社会结构民俗具有很强的社会性，它包括组成形式、管理职能、交往礼仪、惯用语言等方面的内容。

4. 游艺民俗

指历朝历代民间以娱乐为主要目的、群众所喜闻乐见、具有表演（演示）性和广泛群众基础的文化娱乐活动的总称。游艺民俗是人类社会生活的调节剂，广泛分布在各个时节，尤以重大节庆和庙会集市最为丰富精彩。常见的有游戏、竞技、歌舞、工艺美术、技艺、口承文学等门类。

精神世界——意识民俗

意识民俗是一种深层次的民俗事象的总和。它体现的是人们以信仰为核心的心理活动和操作行为。意识民俗涉及的范围相当广泛，有原始信仰方面的，包括对天地、日月、星辰、云雾、风雨、雷电、山石、水火等大自然的崇拜，对虎、熊、鹿、貂、鸟、蛇、桃树、柏树等动植物的崇拜以及图腾、祖先的崇拜；有宗教信仰方面的，如对道教、佛教、伊斯兰教、天主教、基督教等宗教的信仰，对财神、灶神、门神、福神、禄神、喜神、土地神、药王、关帝、河神等民间神灵的信仰；有禁忌方面的，包括岁时禁忌、人生禁忌、饮食禁忌、起居禁忌、出行禁忌、社会交往禁忌、生产禁忌、语言禁忌等；还有巫术方面的，如占卜、灵符、诅咒、测字、算命等。

意识民俗五花八门，渗透到社会生产、生活的方方面面。

以上是中国民俗种类的基本概括，随着社会的发展、进步以及民俗学研究的深入，中国民俗的内容必定会不断扩大和变化，民俗对社会的作用特别是在旅游业方面的贡献将更加巨大。

财神

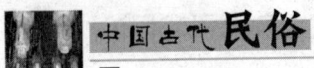

知识链接

妈祖庙

妈祖庙又名天妃宫、正觉禅院、海觉寺、天后庙，俗称妈阁庙。妈祖庙相传由居澳的福建乡亲创建，一向由漳州、泉州、潮州乡亲组成的"三州同乡会"值理会管理。妈祖庙位于澳门南端妈阁山西麓，是澳门最古老的寺庙，创建于明朝弘治元年（1488年），迄今已有五百多年历史。

妈祖庙供奉的是护航海神妈祖，闽语妈祖就是母亲的意思。每年农历三月二十三日是妈祖的诞生日，在这一天，庙里都要举行盛大的祭祀活动。善男信女纷纷前来烧香祭拜，祈求平安吉祥。葡人抵澳之初于庙前涉头登岸，并以"妈阁"之闽语一音转为"马交"（MACAU），成为澳门的又一别称。妈祖庙与普济禅院、莲峰庙并称为澳门三大禅院，始祖庙为三大禅院之首。

妈祖庙是一座具有中国民族特色的古老建筑。庙前一对镇门石狮，雕工精美，神情威严，形态逼真。传说是300年前清人的杰作；庙内花木错落，岩石纵横，景色清幽，由大殿、石殿、弘仁殿、观音阁4座建筑物组成，它们之间用石阶和曲径相通，曲径两旁的岩石上有历代名流政要或文人骚客题写的摩崖石刻；庙中有大殿、石殿、弘仁殿和观音阁，均飞檐凌空，气势雄壮。庙内的一块洋船石尤为引人注目，上面雕刻着古代海船的图形，船的桅杆上挂着一面写有"利涉大川"的幡旗，是人们喜爱的"一帆风顺"的图景。据说已经有400年的历史。妈祖庙依山面海，风光宜人，古木参天，环境清幽。几百年间文人雅士们留下的无数题词石刻，更为这座古庙平添了几分雅趣。

妈祖庙平时香火不绝，每年农历除夕和农历三月二十三日"天后"神诞，香火更甚。四方香客云集于此上香拜祀、叩首祈福，并举行丰富多彩的节目助兴，这时妈祖庙上紫烟弥漫，一派祥和，这就是澳门八景之一的"妈阁紫烟"的景色。"妈祖"现在已不仅仅是善男信女们崇拜的"天后"，而是形成了一种国际文化现象——"妈祖文化"。

第三节
古代民俗的发展历程

古代民俗在先秦经过了长期的孕育,在秦汉时期初步形成,在魏晋南北朝时期经历了变异和重构,隋唐时期不断地整合与发展,五代宋元时期又经历了一次变异与重构,明清时期再次整合与发展。清代后期,由于西方文化的进入,民俗开始了由古风俗礼向现代风俗的历史性转变。

民俗的产生与发展

哪里有人,哪里就有风俗,民俗顺应人们的生活需要而产生。中国的民俗产生于独特的自然和文化环境之中,与中国民众的生活方式息息相关。民俗在社会发展过程中,会不断受到时间、空间及其他各种因素的影响。古语有云,"五帝不袭礼,三王不沿乐,此因时而异者也",而"千里不同风,百里不同俗,此因地而异者也"。

秦汉以降,汉族民俗一直以礼俗的形式呈现出来,除丧葬礼外,还有婚礼、诞生礼、冠礼、寿礼、祭礼、社交礼及年节中的礼仪等,不一而足。"礼"代表着上层文化的建制,而"俗"则代表着一般民众生活所遵循的风俗。在我们所经历与熟知的诸多民俗事象中,总是俗中见礼、礼中含俗,难以区分。风俗礼仪是上层文化和下层文化不断互相交流、融合的结晶,"礼"向下扩张渗透影响民众生活,而"俗"也会上升为国家礼制。

中国古代的统治者非常重视考察民风民俗,自古以来有"观风问俗"的制度传统。《礼记·王制》记载,君王"命太师陈诗,以观民风,命市纳贾,

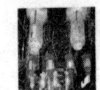

以观民之好恶，志淫好辟"。唐太宗时置观风俗使，巡行天下，之后历代沿袭，几成定制。在观风问俗的基础上，历代朝廷都重视移风易俗。《礼记·乐记》："移风易俗，天下皆宁。"礼俗互动是中国风俗礼仪发展变迁的重要特点，以礼化俗是传统社会中有效的社会控制手段。礼俗教化沟通着政府与民间、精英与民众，树立了许多为社会各阶层共享的价值观念。中国古代有胥老摇铃之制、三老之制等以礼化俗的教化方式，一直延续至清。而观风问俗，则是行政者的必备能力。礼俗教化传统对整个社会都有巨大的渗透力量，所谓"上以风化下"，宋以后尤甚。相应地，民间的风俗也会影响上层礼制的建立和调整。

秦灭六国后，统一了政治、思想、文化和风俗礼仪。秦王朝在秦国风俗礼仪的基础上，吸收、借鉴六国的礼仪，形成所谓"秦礼"，用来规范当时人们的社会生活，矫正各地的风俗。汉代将"三纲五常"确定为伦理规范、社会秩序的最高准则，明确提出"君为臣纲、父为子纲、夫为妻纲"，强调社会的贵贱、尊卑、长幼、亲疏之别。这一时期创制出了许多礼仪，如叔孙通起朝仪、定宗庙仪法；武帝草巡狩、修郊祀、建封禅、兴大学；刘歆、王莽营明堂、辟雍；东汉明帝时定南北郊、冠冕、舆服制度等。这些礼制文化不仅

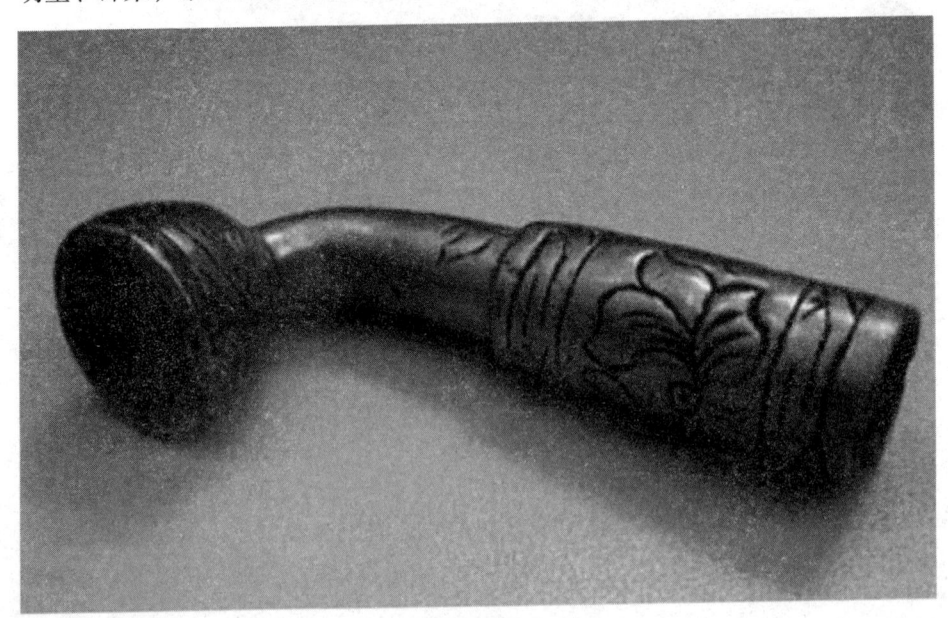

古代烟锅

规范了上层社会的风俗礼仪，也向整个社会扩散，对民众生活产生重大影响。比如，汉代日常生活中的冠、婚、丧葬、乡饮、大射、投壶等习俗，就明显地受到上层礼制的影响。又如，民间本流行正月初一食鸡蛋的习俗，但南朝梁武帝信佛，认为鸡蛋是小荤，下令禁止，于是这一习俗后来就湮没无闻了。

上层的风尚喜好也会对民间的风俗礼仪产生影响，所谓"上有所好，下必甚焉"。《后汉书·马援传》载："城中好高髻，四方高一尺。城中好广眉，四方且半额。城中好大袖，四方全匹帛。"白居易《时世妆》："时世妆，时世妆，出自城中传四方。"王安石则认为："京师者，风俗之枢纽也……且更奇制，夕染诸夏。"

另外，民间风俗文化也促使上层礼制作出调整和修改。上层文化对俗加以吸收，并上升为礼。比如，古代礼制规定"婚礼不举乐"，但到了魏晋南北朝时期，民间婚礼纷纷奏以鼓乐，这一习俗为统治者所吸收，后世婚礼举乐就成为礼制的一部分。又如，古礼并无寒食墓祭的例行规定，但在唐代无论士庶百姓都于此日大举墓祭，后来朝廷就下诏把寒食墓祭纳入礼制，"永为常式"，并且还针对这一习俗活动制定了朝廷官员的放假制度，以便他们回家扫墓祭祖。再如过生日，本来只在民间流行，最早的史籍记载见于魏晋南北朝时期。隋唐时，连皇帝也过起了生日，并名之曰"千秋节"，成为全国性的庆典。到了宋代，以皇帝生日而定的节日全进入了礼制文化的范畴，生日风俗也就被提升到了礼的高度。

中国风俗礼仪的发展，尤其是汉族风俗礼仪的发展还受到儒家文化的影响。许多风俗事象形成于初民社会，或呈一种原始信仰的形态，或带有野蛮、粗犷的风格，在发展历程中逐渐理性化、文雅化、儒化。在秦汉时人的日常生活中，儒家的影响渗入民间时俗的方方面面。以饮食风俗为例，先秦儒家饮食礼仪对汉代产生了较大影响。从汉代画像砖、画像石、帛画、壁画中常见的宴饮图来看，汉代普遍遵循着一套饮食礼仪，其中最重长幼、尊卑、亲疏、贵贱，做到了循序有别。《史记·武安侯列传》上记载，丞相田蚡举办家宴时，田蚡坐在东向的首席上，他的哥哥坐在仅次于他的南向座位上。身为丞相的田蚡不能因为哥哥在场而违礼，因为他的官位比他哥哥高，只有东向坐才符合他的丞相身份。秦汉时期的婚姻家庭生活更是被纳入儒家的伦理道德规范中，人们对婚仪"六礼"的遵循便是一例。

多元交融是风俗礼仪发展的另一个重要特征。春秋战国时期，赵武灵王

"出胡服令",实行"胡服骑射",大大改变了中原地区的服饰风俗礼仪,带来了中国服饰的一场变革。而葡萄、胡麻、胡椒、胡饼等的引入,则影响了饮食风俗礼仪的发展,琵琶、胡笳、笛等乐器也大大丰富了中原的音乐。据《后汉书·五行志》记载,汉灵帝"好胡服、胡帐、胡床、胡坐、胡饭、胡箜篌、胡笛、胡舞,京都贵戚皆竞为之"。魏晋南北朝是胡汉风俗大交汇、大融合的时期,北方少数民族胡坐的流行,改变了汉民族自古以来席地而坐的习俗;衿褶的流行则改造了传统的袍衫之制。在近代的中西文化交流中,中国传统的风俗礼仪也发生了许多改变。

中国风俗礼仪的发生、发展、演变过程可以大略分为以下六个阶段:先秦、汉魏六朝、隋唐、宋辽金元、明清以及近现代。

风俗礼仪在先秦经过了长期的孕育,在秦汉时期初步形成,在魏晋南北朝时期经历了变异和重构,隋唐时期不断地整合与发展,五代宋元时期又经历了一次变异与重构,明清时期再次整合与发展。清代后期,由于西方文化的进入,风俗礼仪开始了由古代风俗礼仪向现代风俗礼仪的历史性转变。

简朴粗野的上古民俗

民俗是人类最基本的文化样态,起源于人们生存的基本需要,包括物质生存的需要和精神生活的需要。自从有了原始人群,便有了民俗文化。民俗是原生态的文化,它与人的身体特性和自然环境有着极为密切的关系。那时候的人们出于生存需要,形成了各种衣食住行的习俗,同时他们也会根据自己的感受想象世界、编织世界,由此形成丰富的文化习俗。

上古民俗具有简朴粗野的特点:一方面,此时的习俗生活是全民性的;另一方面,原始信仰支配着人们的精神生活,并对当时的社会生活产生重要影响。同时我们还可以看到,上古民俗粗野生动,充满了生命的力量。

上古民俗经历了旧石器时代与新石器时代两大时期。旧石器时代,"未有丝麻,衣其羽皮",人类食肉寝皮,打制石器,以简单的捕捞、狩猎、采集为生。那时已经有了集中安葬死者的葬俗。距今约18000年前的山顶洞人的尸体上撒有赤铁矿粉,周围还陪葬有简单的生产工具,说明当时的人们已经有了灵魂的观念。婚姻习俗也从族内群婚发展为族外婚。新石器时代农业文明的发展,使人类从完全依赖自然发展为可根据季节、时令等利用自然,同时人们的居住方式也由游牧变为定居。定居方式的确立为社会组织的发展，社会分工的进一步扩大，文化成果的积累与丰富奠定了物质基础。这一时期，手工业的发展是社会进步的重大标志，不仅为农业提供了灌溉工具，而且还提供了生活器具与器皿，人们可以利用陶器来煮东西，奠定了后世的饮食习俗。麻纺与丝纺的发明和发展，则促进了服饰文化礼俗的发展，服饰在上古社会渐渐成为祭祀与身份的标志。这一时期，玉器是重要的礼器，其有祭祀的功能。同时，在新石器时代，氏族组织发展，母系氏族繁荣，原始宗教活跃，自然崇拜、灵魂信仰盛行。

1. 饮食习俗

上古社会，人们饮水最初依赖自然水源，因此大多数的聚落分布在河流的枝杈，后来逐渐出现了凿井而饮的方式。这一时期的水井形制多样，有浅坑水井、圆形竖穴井、木筒浅井、圆形木构深井、圆形深井、方形小构井等，并发展出了与饮水有关的习俗，如夏至淘井换水。茶和酒在那时都已出现。黄河流域及以北地区的人们以粟、黍为食；黄河流域以南地区的人们则种植水稻。从考古发现可知，此时已经出现了丰富的食品加工工具，如石锅、石磨盘、杵臼等。杵臼的发明，标志着当时的人们可以对粮食进行更精细的加工。根据文献记载，上古有多种烹饪技法，包括石燔法、炮烧法、石烹法、竹筒煮食法、蒸煮法等。多种烹饪工具和餐具也已出现，如釜甑、饭铲、饭勺、匕等。

2. 服饰习俗

传说黄帝发明了衣裳。新石器时代，先民们已经发明了骨针、纺轮等服饰制作工具，以及头衣、体衣、足衣等服饰。同时还有各种体饰，如头骨变形、扁头等头饰，披发、编发、结发等发饰，佩戴耳环、玉玦等耳饰，以及绘面、文身等身体装饰。

3. 居住习俗

最初，人类如其他动物一样，野处群居。《周易》载："上古穴居而野处。"晋代张华《博物志》则记载："南越巢居，北朔穴居。"《太平御览》卷七十八引项峻《始学篇》说："上古皆穴处，有圣人教之巢居，号大巢氏。今南方人巢居，北方人穴处，古之遗俗也。"从文献记载和考古发现可知，北方的初民从山洞穴居向半穴居发展，并最终建起了房屋；在南方，人们则因地制宜地从巢居发展出了干栏式建筑。

新石器时代居住遗址

4. 人生习俗

成年礼是对将要成年并进入社会的成员的考验和教育。上古社会的成年礼是通过身体发饰的改变来实现的，如文身绣面、拔牙、穿耳、割礼、束发、开脸、换装等。大汶口文化遗址中有拔牙的成年礼遗迹。上古时期已有了灵魂的观念，并有特定的葬俗，对亡魂进行安顿，此时有土葬、火葬、树葬等。土葬的方式有平地掩埋、洞穴土葬、土坑葬等，墓葬头向西或向东。安葬的方式有仰身直肢葬、俯身葬、屈肢葬、割肢葬等，每一种方式都基于特定的习俗心理。如割肢葬，用于那些非正常死亡者。在新石器晚期已经有了固定的墓地，山顶洞人的遗址就呈现出这一时期公共氏族墓地的情形。那时的人们已经认识到，死亡是人生的转换，而非终点。从考古发现的上古遗址中可见各种随葬品，如生产工具、生活用具、食物、装饰品、武器等，还有的以猪随葬。

5. 信仰习俗

这一时期的灵魂观念与自然崇拜盛行。人们确信灵魂可以脱离物体永恒存在，灵魂可以流动。日月星辰、风雨雷电、山川、动植物都是人们崇拜的对象。与此同时，巫术盛行。巫是人鬼神的媒介，在当时备受尊重。早期社会，巫既是权力者，也是牺牲者。巫觋利用法术的灵活解释控制事物与社会群体，也承担着巫术失灵后面对惩罚的风险。

初具形态的先秦民俗

先秦时期以农耕文化为特征的华夏民族，其风俗文化圈已基本形成，各种风俗活动已具雏形。夏代资料不多，习俗不可考。从出土的大量商代甲骨文，可以看到当时的占卜、殉葬等习俗。周代礼俗文化发达，并有传世经典，这时的礼俗文化也成为后代礼俗文化的源头。如在农业生产风俗方面，与农业生产密切相关的二十四节气逐渐出现，并相继产生了与此相关的农业气候、耕植、祭祀、庆典等风俗事象。在婚姻习俗方面，周代已有同姓不婚的习俗，《左传·僖公二十三年》中说"男女同姓，其生不蕃"。这时出现了男女婚姻的中介人——"媒妁"。《诗经·卫风·氓》曰："非我愆期，子无良媒。"《仪礼·士昏礼》规定了缔结婚约的六道程序：纳采、问名、纳吉、纳征、请期、亲迎。这一切都成为后来秦汉统一风俗的主要习俗基础。

春秋战国时期是中国先秦礼俗变化交融的时期，这一时期为秦汉以后中国文化新形态的形成奠定了基础。春秋战国，长期分裂，数百年间，战乱不息，"礼乐征伐自天子出"的格局被打破。"周末崩离，宾射宴飨食之则，罕复能行，冠婚饮食之法，又多变迁。"秦汉之前，除黄河中游地区的中原风俗外，我国境内还存在着许多各具特色的地域性风俗，它们之间的差异非常明显。中原、齐鲁、燕赵、荆楚、吴越、巴蜀等地的风俗文化各具特色。因此，风俗文化的融合和定型尚有待于国家统一。

先秦时期礼俗关系密切。礼偏重于社会上层的、贵族的、系统化的言行规范；俗偏重于社会下层的、民众的、比礼更具有广泛性质的属于约定俗成的言行规范。

比如婚俗，《诗经·国风》中的诸多诗篇所呈现的当时民间男女结为夫妇的做法，都有约定俗成之势。《诗经·卫风·氓》曰："氓之蚩蚩，抱布贸丝。匪来贸丝，来即我谋。送子涉淇，至于顿丘。匪我愆期，子无良媒。将子无怒，秋以为期。乘彼垝垣，以望复关。不见复关，泣涕涟涟。既见复关，载笑载言。尔卜尔筮，体无咎言。以尔车来，以我贿迁。"这里说的是，迎娶之前，一要媒人提亲，二要进行卜筮以决定吉凶，然后才来迎娶。可见，以媒人为中介的习俗，是礼仪中不可或缺的一项内容。"贿"，即嫁妆，说明那时已有纳采之礼。从《礼记·曲礼》所载"男女非有行媒，不相知名"，可以推测婚姻六礼皆须媒人传递消息使双方商定。《仪礼·士婚礼》载"昏礼下达，纳采用雁"。郑注："达，通达也，将欲与彼合婚姻，必先使媒氏下通其言，女氏许之，乃后使人纳其采择之礼。"

以媒人为中介的婚俗不仅民间通用，而且影响到了贵族，甚至地位至高无上的周天子亦须如此。《春秋·桓公八年》载"祭公来，遂逆王后于纪"，说的是周桓王欲娶纪女，使鲁为媒。周代还设有"媒氏"之职。《周礼·媒氏》载："媒氏掌万民之判。凡男女自成名以上，皆书年月日名焉。令男三十而娶，女二十而嫁。凡娶判妻入子者，皆书之。仲春之月，令会男女。于是时也，奔者不禁。若无故而不用令者，罚之。"

知识链接

藏民放生习俗

"放生"是藏民族地区普遍存在的一种民间习俗，属于民俗宗教活动范畴，各地表现形式大致相同——生灵放归大自然，任其自生自灭。

放生作为一种藏族民间文化，在广大藏族地区因富裕程度不同而不同程度地存在着，不仅表现手法多样，心理、目的也各异。

感激、疼爱。农区家家有耕牛，地里的活它出力最多，农民对耕牛爱护备至，农活累的时候，每天都要给耕牛开小灶；对耕牛从来不乱打更不会随意杀掉，直养到它老死为止。有些人家还将自家老死的耕牛头埋在地里，待其皮肉腐烂后，把骨头取回家，并在头骨的正方刻上六字真言，挂在自家的屋檐下，表示对它的怀念、对它的感激和尊重。

无论农区牧区，藏族人家家养奶牛，喝的牛奶、用的酥油都是它的恩赐，所以在家畜中奶牛也最受宠。许多山村都有将奶牛尤其是老奶牛放生的习惯。有些奶牛从小就生活在主人家，跟随主人一二十年，和主人建立

了很深厚的感情，为主人家做出了不少贡献，"吃的是草，挤出来的是奶"。所以当它老了后，主人对它就更加关心、更加疼爱，不打不杀任其自由地生活。

求家人平安。为了求家人平安而专门放生，这种做法在藏区最为普遍。有的人为了求全家人的幸福和吉祥，就将自家某一特定的牛或羊作为放生对象，任其自由生长，不耕、不驮、不杀、不售，死后其皮肉也都不用。也有的人家在自家的羊群中选出一只或几只公羊放生，在它的耳朵上穿个孔，系上不同颜色的布条以示区别。在康巴藏区山里草坝子上，常年散落着几只、几十只一群的放生羊，其主人已经完全放弃了对它们的所有权。

在康巴藏区，最常见的、为数最多的是放生公鸡。当家里有人生病时，就请活佛或道士打卦，然后将一只或几只公鸡放生，把它送到神山或寺庙里，不管不杀，即使它回到家中也不杀，任其自生自灭。在那些地方的神山或寺庙周围，四季都有成百上千只公鸡，都是当地人放生的。

变动融合的汉魏六朝民俗

汉魏六朝是中国历史文化发展的重要时期，形成了社会生活文化、政治制度文化、思想学术文化的时代特色。这一时期民俗文化也得到了新发展。一方面，行政区划和自然区划的结合，为民俗文化的传承发展提供了重要的空间条件；另一方面，礼制文化下沉，演变为乡里习俗的生活方式。同时，佛道二教也扩充了民众精神习俗的范围。

秦王朝建立之后，统治者依靠法令和刑罚来纠肃风气，清除恶俗。两汉时期，统治者继续以政权干涉的方式对风俗进行整饬，如下令禁绝"淫祀"，"移书属县，晓谕百姓，民不得有出门之祀。督课部吏，张设罪罚"。他们还力图将一切风俗习惯纳入儒家的道德规范之中，以达到"整齐风俗"的目的。

当时，统治者将先秦流传下来的包括婚礼在内的各种礼制，均加以重新整理和规范。例如，平帝元始元年，诏"刘歆等杂定婚礼，四辅、公卿、大夫、博士、郎、吏家属，皆以礼娶，亲迎立轺并马"，婚仪被纳入儒家模式，要求与传统六礼完全相同。汉儒还根据经学强调衣着服饰的尊卑等级："王者必复命而后王。王者必改正朔，易服色，表德劝善，别尊卑也。"在出行方面，王莽曾"奏为男女异路之制"。经过两汉统治者的大力整肃，汉代的异地异俗开始出现趋同的态势。随着时间的推移，越来越明显地出现了天下为一、万里同风的格局。汉族各居住区的衣食住行、婚姻、丧葬以及其他礼仪习俗，都逐渐呈现出大同小异的形态。

与此同时，除夕、元旦、人日、元宵、上巳、寒食、端午、七夕、重阳等主要岁时节日的习俗内容，也在两汉时期基本定型。如最能体现年俗文化内涵的贴门神、挂桃符、逐傩和放爆竹等习俗，在汉代均已出现。

魏晋南北朝是社会文化大变动的时期，中国古代民俗文化观念与生活方式在这一时期发生了重大变化。异族风俗文化改造和丰富了中原汉族的风俗礼仪。

魏晋南北朝时期，匈奴、鲜卑、羯、氐、羌等少数民族在迁徙和战争中先后进入中原，并趁晋朝统治者内部争斗时，利用不同的方式，在传统汉族聚居区建立起自己的政权。他们给汉族地区带来了胡服、胡床、胡食、胡坐等少数民族的游牧文化，引起了不同民族文化之间的强烈碰撞和频繁交流，刺激了风俗礼仪的变动与重构。

胡服、胡坐、胡食等胡族风俗的融入，大大地改变了汉族的思想观念和生活方式。其中一个重要的表现是汉族对胡族踞坐方式的吸收，汉族本是席地而坐，胡床等坐具的传入使汉族原先的坐具发生了改进或变革，更为重要的是，它还改变了汉族长期以来所形成的席地而坐的习俗，甚至影响到礼仪与观念。又如袴褶这一胡服对汉族的影响。袴褶是一种满裆裤，穿起来更加合体，适于劳作和行伍。胡服首先在军队中盛行，后来逐

胡床

渐扩散到民间，使汉族男子的衣饰从上衣下裳向上衣下裤转变。

这一时期佛教在民间的普及也极大地影响了风俗礼仪的发展。佛教在民间的普及，又刺激了本土宗教——道教的发展。魏晋南北朝时期是道教、佛教传布弘扬的兴盛时期，凿石佛、造寺庙、修炼服药以求成仙不死一时大兴，四月初八浴佛节、七月十五盂兰盆节、人死丧葬做斋七、百日等习俗应运而生。

兼容并包的隋唐民俗

隋唐两朝是我国封建社会经济发展迅速、各种封建政治制度不断完善的时期，这一时期风俗经过不断整合，已显现出完备、定型和成熟的状态。与魏晋南北朝时期相比，隋唐民俗的演变具有广泛性和普遍性的特征。

隋唐两大王朝的建立，重新确立了完善的中央政权，整个社会环境安定，统治者也领悟到"正俗调风，莫大于此"，把引导、协调民风作为整顿朝纲的重要部分。政府通过行政手段来倡导和推广自己认为适宜的社会风尚。例如，唐代统治者下令废止正月末最后一天的送穷节，而由朝廷颁诏提倡以二月初一为中和节。过节时，皇帝给在京的大臣赐宴，各地官员在当地宴飨属官；上司给下属赠刀、尺，表示为政要谨慎裁度，地方官员要向上级献农书，表示不忘农事；一般百姓亲友邻里之间要用青袋子装着优良的谷物、瓜果种子互相赠送，表示关心农业；村社都要提前酿造"宜春酒"，届时祭祀勾芒神，以祈求丰收。这类由统治者亲自推行的习俗，影响到的区域非常广，为大江南北不同地区的百姓共同恪守和传承。

唐代是继汉代以后政治、经济、文化均取得杰出成就的鼎盛时期，即使在当时世界范围内也居于领先地位。唐人生命充实，处世态度豪迈乐观，有着享受人生、亲近自然的强烈渴望，并因此对风俗加以改造。这一时期风俗礼仪的游艺娱乐性质呈日益加强之势，集中体现在节日风俗礼仪上。

汉魏时期就已经盛行的三月三上巳节，本是祓禊求吉、招魂续魄的节日，巫术意味极强。但是到了唐代其巫术意味逐渐变淡，取而代之的是饮宴游玩、尽情享乐，唐人的许多诗篇都描绘了上巳节时嬉游欢乐的场景。而每寒食禁火、清明上坟之时，趁机踏青郊游、饮宴作乐，也是唐人所举。

唐代还是都市民俗兴起之时。随着长安、洛阳等都市的兴起，都市民俗

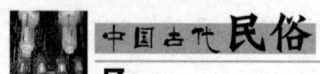

也日益丰富。同时唐代对外交流频繁，丝绸之路的开辟扩大了文化交流，也对风俗礼仪的发展产生了重要影响。

知识链接

唐宋假文身：古代面花

我们都以为唐代女性化妆的时候胆子特大，敢把一对金箔剪的小鸟贴在颊靥的部位，制造人工的"笑涡儿"。可宋代女性出手更奇，用黑光纸剪成花样，贴到双靥上。更有甚者，在流传到今天的宋代皇后画像上，无论是尊贵的皇后娘娘，还是立侍在两旁的宫女，都用大粒珍珠贴在脸上，做成立体的面花儿。从画面上不难看出，这种面花是在绢罗等轻巧材料上贴铺翠毛，形成翠蓝的底色，然后在其上粘缀洁白的珍珠，用翠毛的青碧鲜明来映衬珍珠的莹白光润。标准的宋代皇后面妆，在额心、双靥以及近鬓的颊边，都要贴饰珍珠的面花儿。

另外，在宋代，海上贸易繁盛，名贵香料源源不断地进口到中国，因此，用香料做的面花儿，就成为宋代化妆史的一个小小亮点。如相传宋人陈敬所著《陈氏香谱》中，就记有"假蔷薇面花"的做法，配料是"甘松、檀香、零陵香、丁香各一两，藿香叶、黄丹、白芷香、茴香各一钱，脑麝为衣"，总共要用十味香料。把所有这些配料都研成细末，用蜜调成糊，然后用木范做成小花，晾干后，就成了香氛浓郁的贴面花钿。

《陈氏香谱》还记载了一种做香面花的方法，竟然完全用天然香料做成。在提取龙脑香的过程中，为了物尽其用，要通过密封加热的方式把香樟木料中的最后一点残余也升炼出来，这最后一次的提取所得叫作"熟脑"，有边角料的性质，不堪再用于制作珍贵名香了，于是，宋人就用它制作面花以及耳环等小饰物。

除宋代宫廷中奢侈的珍珠面花之外，这种饰面之物一般都用轻薄材料做成，背面涂有鱼鳔胶做的"呵胶"。"呵胶"的优点是遇热即融，化妆的时候，用嘴对着面花儿背面哈一哈热气，然后就可以把这小花儿贴上面颊。卸妆的时候，用水一洗，面花应手而下。说起来，古代的面花，与近两年少男少女喜欢贴的假文身非常相近。

多元交融的宋辽金元民俗

唐宋之际，古代中国的社会生活发生了明显而深刻的变化，世俗化、伦理化是这一转变中的重要特征。世俗化的理学赋予了社会生活的意义，理学的诸多观念转变为原则和规则进入民众生活中，最终变成了民众习而不察的知识与习惯，并成为新的习俗。士绅阶层常常通过家规、家礼、族规、乡约之类的规定，特别是童蒙读物的传播，传递着皇权和理学所共同提倡的传统知识、历史记忆和社会法则。从宋以来的戏曲、说唱文本中，我们也可以明显感觉到和以往不同的浓厚的伦理道德意味和趋向。南宋时期有相当多的《劝农文》《谕俗文》《劝孝文》《劝学文》等通俗教育文本，包括朱熹、真德秀这些著名学者都亲自撰写这类东西，参与理学世俗化的进程。他们反复规劝世俗民众，要勤于务农、遵守乡俗、去恶从善、孝顺父母。"请诸父老，常为解说，使后生弟子，知所遵守，去恶从善，取是舍非，爱惜体肤，保守家业，子孙或有美质，即遣上学读书学道修身，兴起门户。"通过这些将知识和观念世俗化的途径，士绅阶层在民众中传播着一种新的生活理念和信仰，并建立了一种新的伦理道德秩序。在这种世俗化与伦理化的趋向中，平民生活尤其是市民生活凸显，宋代的笔记及话本小说多有呈现。

元代，外族的入侵并未阻挡这一趋势，原本非正统的理学被吸纳到主流意识形态中。在政治意识形态的笼罩下，儒学进一步政治化与制度化，也进一步世俗化，开始以一种更强有力的方式影响日常生活。明初的统治者们更加强调儒学尤其是理学的正当合理性，科举制度的确立使儒学的世俗化越发严重，程朱之学更加深入社会生活，他们所提倡的伦理道德成为现实生活世界的一般知识、观念和信仰。

两宋时期，国家再度分裂，汉、契丹、女真和党项的势力此消彼长，几个政权并立。北宋与辽、西夏三足鼎立。南宋与金、元南北对峙。宋与各个并立政权之间既有征战，也有相对持久的和平时期。各民族间在政治、经济、文化上频繁交流，促进了民族间的融合。一方面，汉族文化层层推进，成为文化交流与融合的主导力量，同化了少数民族；另一方面，少数民族的习俗观念和粗犷风格也影响了汉族。南宋定都临安，出现了中国历史上又一次人口大迁徙，汉族人口大批南迁到南方各少数民族的居住区。元朝时，大批少数民族内迁中原，又有大批汉族人被遣发到边境少数民族地区，南北交汇，不同民族交互杂居，促进各民族风俗的融合。

多元融合是宋元时期风俗礼仪演变的主要特点。比如，北方金人统治下的汉族与女真人错杂而居，"民亦久习胡俗，态度嗜好与之俱化，最甚者衣装之类，其制尽为胡矣"。北宋末年，"胡乐蕃曲"大量输入中原地区，使当时京师"街巷鄙人，多歌蕃曲"，"素袖佳人学汉舞，碧髯宫伎拨胡琴"。女真

《清明上河图》局部

的习俗甚至还传到了南宋都城临安，使临安街上的服饰、音乐为之一变。最为明显的是宋元时期汉族火葬习俗的流行，其起源即来自辽、夏、金等少数民族。到了元代，由于统治者采取民族歧视政策，故元末汉族士人为能"速获仕进"，多效仿蒙古族的语言、服饰，"悉以胡俗变易中国之制，上庶咸辫发椎髻，深檐胡帽；衣服则为袴褶窄袖及辫线腰褶；妇女衣窄袖短衣，下服裙裳，无复中国衣冠之旧。甚者易其姓名为胡名，习胡语，俗化既久，恬不知怪"。

这一时期都市民俗进一步发展，都市里的游艺百戏，节日盛况令人瞩目。在世俗化的同时，民俗的娱乐性进一步增强。

百态并发的明清民俗

明清时期处于传统社会的后期，城市经济发展，市民阶层扩大，市民文化影响日益深远；书院、学校等文化教育机构广泛设立，出版业发达，民间著述丰富；精英文化在向下层传播、渗透过程中不断世俗化；宗教文化的流行，促成了社会信仰的复杂化。

明代中后期，社会风俗礼仪发生了重大的转变，此时是一个弥漫"世变"氛围的历史阶段，社会生活与之前的传统发生了明显的改变，服饰上"去朴从艳"，文艺上追求"异调新，旨"，知识上转而"慕奇好异"。货币经济的发展带来了深刻的制度改革与社会变革，冲击了传统的价值观念，使财富上升到前所未有的地位。这一时期通俗书籍、日用庶民文献大量涌现，市民文化蓬勃发展。此时佛教向着世俗化的方向发展，佛教的地狱观念、果报观念深入人心。

白银货币化冲击了明代一系列的制度。晚明时，统治者进行赋役改革，实行一条鞭法，税收折银，以银代役，使赋役制度由实物征收转为货币征收，人身依附关系的占有变为依赖货币的经济关系。白银货币化的趋势也就意味着白银在流通中充当了货币的职能，人们使用白银进行交易，也就促进了商品化的深入。商品经济的发展使得钱成为日常生活中的重要东西，与日常生活密切相关。万历年间，浙江张应俞撰《杜骗新书》，虽然该书后来被视作小说，然而从其内容看，更像一本让大家谨防上当受骗的指南。该书收集了社会上形形色色的诈骗案，共分24类，83篇，其中有74篇是关于使用白银进行交易买卖及欺骗的，占总数的90%。白银在书中参与的交易买卖，涉及社会生活的方方面面，包括了日常生活的吃穿用度，如买油、买猪、买布、裁衣做鞋、乘船坐轿等；也有置田产、开店铺之类大宗财产的买卖；还包括买进学、买举人之类的交易。

　　传统社会向来重本轻末，且以农为本，以工商为末。但到了明清时期，由于商品经济的发展，当时的社会上一反千百年来形成的"重本轻末"的风俗观念，而信奉"农商皆本"，各地民众纷纷改农从商，弃农习技。社会上拜金之风愈演愈烈，以致人人"喜厚利而薄名高"。自古被奉为"人道之始"的婚姻大事，向来重视"门楣求其称，婿妇惟其贤"，但晚明时，已"良贱不及计，配偶不及择"，"女家许聘，辄索彩礼"，唯以"富贵相高"。连许多风俗事象本身也被赋予浓重的商业色彩，一些大型的民间文娱活动，往往由商人的会馆、公所出资组织，或由巨商大贾赞助牵头（如北京的花会组织，清代乾嘉以后大多已转为商业性演出），连过年这样的重大节日，也被商人用来搞促销活动。

　　晚明时期，小贩行商落迁定居而为坐贾，在户籍制度上设立商籍，商人也可以在一定范围内参加科举，跻身士人的行列，此时商贾子弟进学入仕已成大观。同时，许多士人转而经工商，可以从"极摹人情世态之歧，备写悲欢离合之态"的晚明小说来看这种士商互动。

　　晚明礼会，三教融合的趋势进一步深入。与整个社会世俗化的趋势一致，宗教也更加世俗化，这也意味着宗教进一步深入人心。关帝、文昌帝君、观世音菩萨、玄武大帝、碧霞元君、灶神等都是此时民间广为奉祀的神灵。佛教深入人心，对普通人的日常生活和观念都产生了影响。妇女在家持斋念佛在晚明时期是比较常见的现象，其中包括上层社会的妇女，也包括城市和乡村中的普通妇女。在晚明小说的描述中，人们常常被劝修行，修行之人有女性也有男性，并且遍及各种职业。

　　在日常生活中，人们相信各种报应形式的作用，此时的人们普遍相信人在遭遇非正常死亡之后，亡魂总是寻求机会对当事人实行报复，当事人因此而无故自残或遭横死。此时的笔记中多有因果报应之事的记述，还出现了大量冥报类的小说，即演述人入冥所见地狱景象的小说。

　　世俗化的深入还体现为对人的关注，人们的求神拜佛也更加人性化。人们所供奉的俗神中，绝大多数是历史人物，如关羽、岳飞、文天祥等。明代

古代庙会剪纸

的末代皇帝朱由检在浙江宁波一带也被当作神来供,名之曰"朱天菩萨"。

明清时期,庙会兴起。各地的民间庙会,本是迎神拜佛的信仰活动,但发展到了明清时期,尤其是清乾隆以后,其活动内容除娱神外,更多地注入了娱人的成分。庙会习俗已从单纯的祭祀习俗发展成为具有浓厚商业氛围和热烈娱乐气息的综合性民俗活动,逛庙会成了具有娱人、悦神双重文化意义的习俗。如京城的逛庙,规模盛大,活动内容丰富。而南方的傩舞,在清初还是一种纯粹的驱鬼辟邪活动,但到了清代中叶时,已逐渐吸收了娱乐的成分,最终演变成以娱人为主的傩戏,并成为人们喜闻乐见的文娱活动。

近现代以来,中西文化交流日益加深,西方的风俗礼仪逐渐传入,对传统风俗礼仪产生了变革性的影响,人们的价值观念开始更新,有些风俗礼仪日渐式微,传统礼俗发生了变化和解体。

第二章

古代人生礼仪民俗

人生礼仪是一个人一生中在不同年龄阶段所举行的仪式。

传统的贯穿人生的礼仪主要有诞生礼、冠笄礼、婚嫁礼、丧葬祭礼等，传统礼仪不仅存在于人际交往中，也存在于家庭、家族和一个人的个人经历中，且贯穿于人生历程，几乎每个人都需经历的礼仪就是人生礼仪。

在中国传统习惯中，五大礼仪都有隆重而烦琐的仪式，深受中国封建礼制、礼教的影响，它是所有民俗事象中礼制成分最浓、传承最为稳定、最受人们重视的民俗。

第一节
传统寿诞礼俗

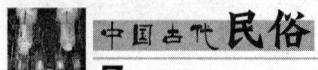

古往今来，人们一直十分重视生命的价值，把长寿视为人间诸种幸福之首，一方面希望保佑自己和子孙平安长寿，另一方面希冀父母和祖辈长命百岁。所以，上祈于天地神灵，下求于山川万物，外顺于阴阳寒暑，内己于修身养性，于是形成了祈祷、祝寿等寿庆礼俗。

祈寿礼俗

健康长寿是人生的理想，从出生的第一次洗礼开始，人们就满怀希望地铺设着长寿之路的每一块基石。

在中国民间，婴儿出生之后，自三朝、满月到百天、周岁，都有许多祈祷礼仪活动。例如三朝，女方娘家要送来寿桃、福寿糕；满月，给小孩穿百家衣和戴长命锁。百家衣用各家各户讨来的碎布做成，百家的碎布（百岁）寓意为百岁，婴儿穿了这种衣服能够驱邪避病，保佑婴儿长命百岁。长命锁又称百家锁，一般由外祖母送。百家锁须用百家的钱来购置，而凑齐百家的钱较困难，所以采用变通的办法，即向乞丐换取百文左右的铜钱以代替。长命锁上一般刻着"长命百岁""长命富贵"等吉祥语、图案，象征福寿绵延。周岁则剃百岁毛、送百岁钱、吃百家饭（米）和穿虎头鞋。

认干亲也是一种较为普遍的祈求婴儿健康长寿的民间习俗活动。这样做的寓意有两个：一是担心婴儿娇贵孱弱，不易养活；二是婴儿命相不好，克父或克母，认干亲可以转命相，以求合家健康长寿。

人的一生中，每过十余年就会重复一次本命年。民间认为，人在本命年

长命锁

里，会遇到许多灾，只有祈求神灵保护，进行禳解，才能逢凶化吉。于是产生了许多祈福求寿免灾的习俗活动，如"祭顺星""祭本命星"，去寺庙拜菩萨等。

民间还有"借寿"的习俗。当老人病重时，子女斋戒沐浴，泣告上天，愿意减去自己若干年的寿数，借给老人以延长其寿命。假如病人转危为安，那就意味着上天已经准许借寿，出借者就应焚香许愿，答谢上天；若病人并未转好而是去世了，出借者也要烧香祈告，取消借寿的话，以免阎王判官阴差阳错，把出借的寿数借给别人。

祈寿的意识不仅表现在生前，也同样反映在死后。民间流行为死去的亲人做"冥寿"。冥寿又称"冥庆""阴庆""阴寿"，就是给死去的长辈做生日，追行祝寿礼仪。做冥寿时，子女都穿彩服，设酒堂，宗族、亲友送纸扎银锭，登堂拜礼，一如死者生前。

寿诞礼俗

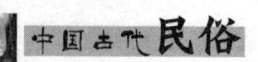

敬老尊老是中国民族的一项优秀传统。这种传统美德突出地反映在庆祝寿诞上。

1. 做寿的规矩

做寿是一件十分庄重的事。虽然每个人在每年中都会遇到自己的生日，但并不是每个人都有资格做寿。按习惯，人不满60岁，只能叫过生日，而不能做寿。只有满60岁的老人才有资格做寿。之所以如此，是和天干地支60年一轮回有关。满60岁，意味着已经度过宇宙的一个完整周期。因此，满60岁的老人享有和祖宗一样的礼遇，每逢生日，就能接受儿女子孙的祝拜。古时正式的做寿是从满60岁开始的，后来随着生活水平的提高，逐渐演变为从50岁开始做寿，逢10（个别地方以逢9计算）的生日做大寿。纵观老人的寿礼，其最隆重、最具特殊意义的寿诞有以下一些：

花甲寿。60岁活满了一个甲子，做寿60岁生日即花甲寿诞，其礼仪比一般的寿礼隆重。

六六寿。这是专为年满66的老人做寿的寿诞习俗，主要流行于长江下游地区。在这一天，女儿要将猪腿肉切成66块，形如豆瓣，俗称"豆瓣肉"，红烧后盖在一碗米饭上，连同一双筷子一起放在篮子里，并盖上红布，由女

寿幅

儿女婿送给父亲（岳父）或母亲（岳母）品尝。66块肉寓意多福多寿；老人在鞭炮声中高高兴兴地美餐一顿。"六十六，女儿家中吃碗肉"，便是指这一习俗。

古稀寿。特指给80岁老人生日时举行的寿礼，俗称"庆八十"。古时候人活到80岁是很少见的，所以，能活到80岁的老人便被人们誉为老寿星。

此外，许多地方还有"做九"和"过九"的习俗，也就是提前一年做满十寿。

2. 贺寿仪式

做寿这一天，儿女子孙及亲友都来贺寿，送来寿幛、寿烛、寿桃、寿面、寿联等贺礼。同时要设立寿堂，挂起大红的寿幛，供桌上放着寿桃、寿面、寿果，张灯结彩，接受晚辈和亲朋好友的叩拜、祝贺。礼毕，共享寿宴。寿宴上，老寿星坐在主席、正位，贺寿人不断向寿星敬贺。在不同地区，贺寿仪式存在着差异。例如，苏州献礼上寿时唱《祝寿歌》；在福建，寿诞之日早晨，全家人先吃"甜寿面"，之后，子孙向寿星祝寿。

寿庆物语

伴随寿庆礼俗的发展，逐步形成了许多与寿庆相关的、颇具特色的寿庆物品和寿庆文学、戏曲艺术。它们既是中国人长寿观念的表征，也体现了寿庆礼俗的民俗。主要的寿庆物语有以下几方面：

1. 食品类

寿酒，是寿宴中不可缺少的饮料。因为"酒"跟"久"谐音，寓意"长久"，"祝酒"就是"祝久"。所以古人用"奉觞"和"称觞"来作为祝寿的代称。寿酒因地而异，较常用的是椒酒、桂花酒、黄酒、白酒。寿宴时应先敬寿星，然后宾客同饮。

寿面，做寿都离不开面条，民间称为"长寿面"，"面条"寓意绵长。寿面一般要求根根长三尺，每束百根，盘成塔形。寿宴必以寿面为主食。

寿桃，是寿礼中必备的物品。寿宴时，亲朋好友邻里向寿星献寿桃。所

百寿图

献寿桃一般为九个，一个象征长寿，八个象征八仙，意为"八仙庆寿"。九个寿桃相叠为一盘，共摆三盘，陈列在寿堂桌上。

菜式，因地而异，但都有祝福祈寿的寓意，如"八仙菜""九斗碗"和"十大碗"等。

2. 字画类

寿幛，是流行十分广泛的一种祝寿礼物，是布置寿堂时必备的一种装饰。一般是在整幅或大幅的红色或金色布帛上撰写吉祥的祝语贺词，向寿星表示祝贺寿辰。寿幛大小如中堂。

寿屏，是指用作祝寿的书画条幅，其上题写吉语贺词或画上八仙、寿星之类内容的画。寿屏有两种，一种是四条幅、六条幅或八条幅，联列成组，用于挂在墙上；另一种是雕刻或镶嵌而成的座屏或插屏，陈设在案几之上。

百寿图，可用于寿幛，也可用于寿屏。基本形式为：在一个大"寿"字的笔画中，布满一百个字体不相同的小"寿"字。

福禄寿图，画面通常是一个和蔼可亲的老寿星形象，持杖牵鹿。杖头挂葫芦或仙桃，也有手捧仙桃，身旁有飞舞的几只蝙蝠。寿图一般悬挂于寿堂正中。

子孙万代图，画面常为圆形，其上是一个大葫芦，两侧各一个小葫芦，葫芦与葫芦根蔓相连，中间穿插几片葫芦叶，大葫芦下部，又生小葫芦，寓意"子孙不断"。子孙万代图常用来为老年妇女祝寿。

松鹤长寿图，画面一般是挺拔苍翠的青松，树上（旁）立一只美丽的白鹤。松、鹤历来是我国民间崇尚的长寿动植物。白云、远山、太阳作背景。画面题词系为"松鹤延年"或"松鹤遐龄"之类。

寿山福海图，图案大体为巨大的岩石兀立于大海之中，天空有飞来的蝙蝠。画面寓意"福如东海""寿比南山"。

富贵耄耋图，常用于为年满70岁或80岁的老人祝寿。画面画一株盛开的牡丹，几只彩蝶在牡丹花丛中飞旋；花旁有几只逗人喜爱的小猫瞪着眼睛，做跳跃欲扑状。猫谐音"耄"，蝶谐音"耋"，艳丽的牡丹花被认为是大富大贵的象征。三者合一就是"富贵耄耋"。这是广泛流行于我国东部、北部的一种祝寿吉祥图案。

此外，民间用于寿庆的图案还有"龙凤图""八团圆""长春白头""群仙拱寿""富贵白头""福禄双全""百龄食禄""万年如意"等。

3. 文学艺术类

主要是寿舞、寿乐、寿戏、贺寿诗文，如《八仙献寿》《蟠桃会》《盗仙草》等。寿联和寿文也很常见。寿联是客人为祝寿或主人为庆寿而写的对联，一般用来布置寿堂，烘托寿庆热烈喜庆的气氛。

此外，寿礼中还少不了寿烛、爆竹营造欢乐喜庆的气氛。

知识链接

祝寿仪式

祝寿无一定的仪式，古时通常晚辈宾客，仅向寿堂行三鞠躬礼，寿星可定时出堂受贺；其余时间则由子侄辈在礼堂答礼。新式寿诞，常在宴会之前，由寿星分切蛋糕饷客。寿庆的招待：庆祝寿诞，一般都是经济较富余者方能进行，所以在招待上比较讲究。

古时在寿诞前夕，就开始宴请至亲好友，称为"暖寿"；中午为面席，取其"长寿"口彩；晚间为大宴。次日，尚有宴席，以谢执事。

寿庆宴席，有两项内容似乎是必不可免的：一是要由寿翁（寿婆）吹生日蛋糕上的蜡烛，然后分吃蛋糕；二是要吃面条，以讨长寿的口彩。

现今，由于生活水平的提高，人伦文化的浓重，人们过生日不像过去那样，小孩过生日吃几块蛋糕，老人过生日打几壶酒，弄点好吃的就算过生日了。而今形式多样，文明崇尚，亲情浓重，生日人开心。特别是古稀、八十岁、九十岁和百岁老人过生日，更是讲究了。

第二节
古代婚姻风俗

婚姻的形成与发展

在人类经历了漫长的杂交群居式的生活以后，才出现了历史上第一个婚姻形式——血缘婚。血缘婚又称族内婚、班辈婚，即婚姻范围仅限于族内，不准不同辈的男女通婚，只准同辈人结合。

在中国苗族的《伏羲姊妹制人烟》传说、壮族的《盘瓠》传说与纳西族的《创世纪》传说中，都有兄妹成婚的故事。这些故事背景大都与大洪水传说有关，传说世上只剩下兄妹二人，只好结为夫妇，繁衍人类。《太平御览》卷七八引《皇王世纪》说：太昊庖牺氏"制嫁娶之礼"。伏羲所制的嫁娶之礼最初即兄妹婚，为历代婚姻之始。兄妹、姐弟之间的血缘婚是以集群的形式构成的，即一群兄弟与一群姐妹互为共夫、共妻；子女为集群共有，只知其母，不知其父。

由于家族之间的竞争，实力强的家族成员常常侵袭、掠夺实力弱的家族，这其中就包括把其他姓氏家族的妇女抢来，强迫她们与族内男子婚配，这便是原始的抢婚制。抢婚的流行，使人们认识到同姓相婚，生育的子女大多有问题，而异姓相合，所生子女则要优良得多，于是出现了亚血缘婚，也叫族外婚。在这种婚姻形式下，本氏族的兄弟姊妹已不能通婚，而必须到族外去求偶。族外婚仍然延续了班辈婚的惯制，即同辈通婚。屈原的《楚辞·天问》中说："眩弟并淫，危害厥兄。何变化以作诈，后嗣而逢长？"所谓"并淫"，

即指兄弟共妻。《孟子·万章》中说，舜的兄弟象企图害死舜欲霸占其财产，要求"二嫂使治朕栖"，即此二人都转给他做老婆。这种婚制的残余则是转房婚。转房婚的表现形式各异，在不同时代、不同民族中，有兄亡嫂嫁弟，姊亡妹续嫁给姐夫，弟亡弟媳转嫁给兄，伯叔母转嫁给侄儿等。

随着亚血缘婚的配偶范围日益缩小，异姓的同辈男女在或长或短的时期内对偶同居，逐渐成为对偶婚。对偶婚的男女双方分别在自己母系氏族中生活，成年男子到异姓女子氏族过着"暮合朝离"的生活，两性结合并不固定，世系仍按母系计算。海南黎族的对偶婚被称为"放寮"，异姓青年男女可以到对方的"寮房"自由结交伴侣。纳西族的对偶婚称为"阿柱"婚，"阿柱"为亲密的朋友之意。青年男女在婚前可以结交多个阿柱，男阿柱没有自己的单独住房，女阿柱则有单间阁楼，专门用来接待男阿柱的来访。男阿柱在女阿柱住处过夜，过着走婚的生活。即使在青年男女结婚以后，女子也不在夫家落户。直到有了孩子或者年纪大了才到夫家落户。自此，男女双方才断绝与其他阿柱的来往，双方互相厮守终身。

阿柱婚的尾声，标志着一夫一妻的专偶婚的开始。就像禹娶涂山民之女而生启之后，夫妻关系才正式确立下来。由于夫妻占有共同经营的家庭经济，逐渐使个体家庭从母系氏族中分离出来。随着父权的出现，夫权也相继诞生，男子在父权、夫权的基础上，产生了向自己的子孙转移财产的继承观念，开始了男权世系的发展，确立了严格的血亲家族系统的亲属制度。周代婚姻，开始出现了一定的形式。《荀子·富国》中说："男女之合，夫妇之分，婚姻娉内送逆无礼。如是，则人有失合之忧，而有争色之祸矣。"具体形式则是婚礼的"六礼"，即纳采、问名、纳吉、纳征、请期、亲迎。纳采是"恐女家不许，故言纳。问女不言纳者，女氏已许，故不言纳者"（《仪礼·士婚礼》）。纳采时的礼物用雁，所以纳采又称委禽。问名是向女家问清女子的名字、生辰。纳吉是卜得吉凶后到女家报喜、送礼、订婚。纳征是订婚后向女家送聘礼，也叫纳币。请期是选定完婚吉日，向女家征求同意。亲迎则是新郎到女家迎娶新娘子。周代非常重视"同姓不婚"的戒规，此外，还在宗法制的基础上出现了"媵""妾"婚制。贵族男子在娶嫡妻时，可以得到若干个陪嫁的妾、媵；女子出嫁带妹妹、侄女等陪嫁；或者一国嫁女，别国送媵。《左传·僖公十七年》中记齐桓公有3个夫人，6个"如夫人"，好像是一次娶了9个女子，其实他只娶了1个夫人，其他8位都是媵、妾，即陪嫁跟来的。同胞姊妹陪嫁，只能二人不能有三也成为不成文的规定。陪嫁者处于从属地位。媵是女方伴嫁的女子，地位较低。妾是男家的，可以是买来的，也可以是家仆之女。媵本是伺候新嫁娘的女仆，但如果被主夫看中，由陪宿而变成妾。媵妾制是贵族占有奴仆人身的一种产物，直到战国后期，媵妾制才渐渐废止。由此可见，周代的一夫一妻制实质上是一夫多妻制。

在秦代，儒家礼教在婚姻中也占据了主导地位，要求男女授受不亲，婚姻要遵父母之命、媒妁之言，从而对女子的婚嫁进行严格控制。《礼记·内则》《礼记·曲礼》上有种种烦琐的规定：一个家庭的夫妻及男女成员从住所、用物都要分开使用，更不许互相接触；"叔嫂不通问"；禁止"诸母"给子侄洗下衣，以免产生邪念。在家庭结构上，将原来的家族制分解成一夫一妻制的小家庭，"有二男以上不分异者，倍其赋"。小家庭完全以自身利益为转移，巩固了私有制，树立了"臣事君""妻事夫""子事父"的三从观念，妻子在小家庭中被剥夺了独立的地位。

汉承秦制。西汉王朝提倡建立"五口之家""百亩之田"的小农家庭，即以夫妻为主体的个体家庭，或者是父母与一个已婚之子组成的家庭。不同的是，先秦典籍中虽有男子三十而娶、女子二十而嫁的规定，然而，汉代人实际的结婚年龄则比较小。汉高祖死，惠帝即位，十六七岁就立了皇后。

媵妾制在秦汉以后变成了封建帝王的后妃制。汉武帝时，后宫中从皇后、夫人以下分为14个等级。西汉末期，王莽托古改制，纳杜陵史氏为皇后，设3夫人、9嫔、27美人、81御人，共120人。

汉代聘娶婚中，聘礼与媒人占有重要地位。聘娶婚是以家长买卖、包办儿女婚姻为特点的婚姻制度，也称"买卖婚"或"包办婚"。买卖婚即男方要用一定数量的聘礼，等价交换出嫁的女子。据《东汉会要·礼四》中说，桓帝聘大将军梁冀的妹妹为皇后，"悉依孝惠帝纳后故事，聘黄金2万金，纳采雁璧乘马束帛，一如旧典"。结婚本是喜事，但汉代民间沿袭着古代"三日不举乐"的风习，据说是为了表示嫁女对父母的思念。到汉平帝元始三年（公元3年），刘歆才奉命正式制定了汉代婚礼，规定"四辅、公卿、大夫、博士、郎、吏家属皆以礼娶，亲迎立轺并俪马"（《汉书·平帝纪》）。

媒人是在一夫一妻制形成后才出现的。最早的媒人大都是本氏族中享有威信的长者，由此而受到人们的尊敬。古代的祭祀"神媒"曲折地表达了人们对她寄予了"联婚姻、通行媒"的美好愿望。到了秦汉以后，媒人成了体现家长意志的代理人。《诗经·豳风·伐柯》中曾说:"伐柯如何,匪(非)斧不克。娶妻如何?匪媒不得。"可见媒人在缔结婚姻中原来就有特殊的地位。媒人分为官媒、私媒两种。《周礼·地官·媒氏》说的"掌万民之判"的"媒氏",与《管子·入国篇》中"凡国都皆有掌媒"、主管"合独"的媒妁都是官媒。《战国策·燕策》中"周地贱媒,为其两誉也:之男家曰女美,之女家曰男富"的"贱媒"则属私媒。

封建包办婚姻派生出指腹婚与冥婚习俗。据《后汉书·贾复传》记载,汉光武帝对贾复说:"闻其妇有孕,生女邪,我子娶之;生男邪,我女嫁之,不令其忧妻子也。"指腹婚是封建家长包办子女婚姻的极端形式,胎儿还在母腹中,便由家长为他(她)预定婚约。汉武帝刘彻很小的时候,他的姑母便带着自己的小女儿阿娇来看望他,逗他说把阿娇许给他做媳妇。刘彻还是个什么都不懂的小孩子,就信口回答说:"若得阿娇,当以金屋藏之。"后来这句话演变成了"金屋藏娇"的成语。冥婚则是指死人结婚的习俗。曹操爱子曹冲死后,曹操聘甄氏之亡女,与曹冲合葬。

汉代统治者为了增殖人口,发展生产,鼓励多生育后代。汉高祖七年(公元前200年),"令民产子复勿事二岁"。东汉章帝元和二年(公元85年),下诏规定:"人有产子者,复勿算三命。今诸怀妊者,赐胎养谷人三斛,

婚姻中的媒婆

复其夫勿算一岁。"由于统治者的提倡，人口速度增加很快，仅刘邦和他两个哥哥的后代，至西汉末年，即已繁衍到10万多人（《汉书·平帝纪》）。两汉的皇帝，其妃嫔的数目都很多。众多的妃嫔居住在后宫，由大量宦官来照管。到了东汉，任用宦官已成定制，宦官的数量空前增多。一些有权势的宦官，竟也一如常人娶妻纳妾，甚至妻妾成群，这是中国古代婚姻发展史上的怪胎。

魏晋南北朝时期，婚姻的最突出特点是门第婚盛行，讲究门第和家世名望的匹配。这种门阀婚姻不仅可以保住自身的高贵门第，还可以在朝廷中形成血统和姻缘结合的巨大宗法官僚势力，互相扶植，因此人们都以与名门大姓通婚为荣。据《陈书·儒林传》载，出身高贵而家道贫寒的王元规，却拒绝娶拥有巨万资财而门第低贱的土豪之女。唐代婚姻的门第观念依然十分浓重，即使天子择婿，也都在贵族阶层。唐太宗的21位公主的丈夫，全部都是文武大臣的儿子。皇帝还下令崔、卢、李、郑四个名门大姓不得互相通婚，效果却十分有限。早在南北朝时期，崔、卢、李、郑等著名士族，就已形成了一支巨大的姻亲满朝廷、故吏遍天下的庞大势力。到了唐代，虽势力衰落，影响依然很大。从唐传奇《柳毅传》等诸多作品中可以看到，唐代妇女再嫁还是比较普遍的，这一点，与汉代的情况相似。唐代婚礼纳采，有合欢、嘉禾、九子蒲、朱苇、双石、绵絮、长命缕、胶漆九事。合欢取合家欢乐之义，胶膝即如胶似漆，绵絮取其延续绵长之意，蒲苇取其心可屈可伸，嘉禾寓福，双石意在双方姻缘之巩固。

宋代婚礼只保留了纳采、纳吉、纳成、亲迎4项仪式。宋代嫁娶主论财产，在通婚书上除了写男女的姓名、生辰外，还要详细写明随嫁的田舍、资产及奁具数目，以致"娶妻不顾门第，直求资财"的风气盛行。迎亲时，新娘由乘车改乘轿子。宋代婚礼的程序更加烦琐复杂。凡娶媳妇，先起草帖子，两家允许，然后再起细帖子，序三代名讳。此后，要准备许多瓶酒，以络盛酒瓶，再装上大花8朵，又用花红缠绕，叫作缴担红，送给女家；女家以淡水二瓶，活鱼三五条，筷一双，放原酒瓶内回送，叫回鱼箸。此外，还有下财礼、挂帐、催上妆、起担子、撒豆谷、坐虚帐、撒帐、交杯酒等一套繁杂的惯例。

元代统治者强调家长主婚的权力，在"纳采"前增加一项"议婚"，把"同牢""合卺"改称"传席"。其余皆依《朱子家礼》之规进行。

明清时，婚礼趋于奢靡："男计奁资，女索聘财，甚有写定草帖，然后缔姻者。于是礼书竟同文契，亵甚矣。且一重利，则良贱不及计，配偶不及择。"一切都是以财物的多寡为前提，至于对方是什么人，则不再过多计较了。

中国婚姻在不同的历史时期和不同的地区差异很大。汉族及发达的少数民族大都是一夫一妻制，偏远地区的少数民族如纳西族的"阿柱"婚，至今仍停留在母系后期的对偶婚阶段。虽然随着时代的变迁，婚礼同以前相比已经简化多了，然而，婚礼仍是人生中第一重要的仪式，这一点是与古代一脉相承的。

婚姻形态

"父母之命，媒妁之言"是中国封建社会中男女结成夫妻关系所必须遵守的法则，这种婚姻关系不是建立在自由恋爱的基础上，而是受家庭或家族利益的制约。中国封建时代最普遍的婚姻形式是包办婚姻，即男女双方的婚姻不是由自己决定，而是由他们的父母或长辈决定，当儿女的意见与父母的意见不一致时，儿女只能服从父母的选择。这种婚姻从表面看是为了儿女，实际上是为了维护家族的利益，目的是要通过姻亲关系来巩固家族的地位。

除了包办婚姻以外，值得注意的另外一些传统婚姻形态还有抢婚、不落

传统婚姻

夫家和入赘婚等。

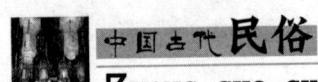

八抬大轿抢婚又叫"掠夺婚"，是一种比较原始的婚姻形态，由氏族外婚引起。中国很多少数民族的婚礼仪式中都有模拟"抢婚"的场面，但是它们的意义已经改变。

不落夫家又叫"长住娘家"，过去流行于中国东南部地区如广东、广西、福建惠安一带及西南少数民族地区，反映了人们对从妻居的母系氏族的留恋。在人类社会早期，曾存在着一个被称为母系氏族社会的辉煌时代。当时人们的生育观念不是重男轻女，而是重女轻男。在母系氏族社会，氏族的世系是按照母系血缘来计算的。亲属关系由女性继承，祖母传给母亲，母亲传给女儿，依次类推。在母系氏族社会中，女性的地位比男性高得多。纳西族俗谚："无男不愁儿，无女水不流。"生女重于生男，女儿是亲族的根。纳西族在婚姻制度上还保留了母系氏族的形态，实行严格的氏族外婚制，又叫"走访婚"或"走婚"。走婚的特点是男不娶，女不嫁，双方的婚姻关系不需要任何手续和仪式，只要男女相识、相悦，就可以建立"阿注"（亲密的朋友）关系。如果女方同意，男子就可以在晚上到女方家过夜，第二天早上再回到自己的氏族参加生产劳动。双方没有经济关系，所生的孩子归女方抚养。

入赘婚：民间又叫作"招女婿"。特点是：婚后新娘不出嫁到新郎家，而是招新郎到新娘家做女婿。这样做的原因有以下几个方面：一是女方家没有儿子。招了女婿以后，女方的父母就可以有人来为他们养老送终。二是生下的孩子要随女方的姓，这样可以继承女方的家业。

在以男性为中心的封建社会中，这种"倒插门女婿"常常被世俗看不起。而入赘的新郎大多是因为家境贫困或单身在外无依无靠，万般无奈才选择了这种婚姻形式。

在现代社会中，随着男女平等意识的增强，人们的婚姻观念也在改变。今天，无论是在中国的城市还是乡村，"倒插门女婿"都不再受到人们的歧视。与此同时，越来越多的年轻人结婚以后不打算住在父母家里，而是另立门户，自己租房或买房居住。

媒人

封建社会男女"授受不亲"，强调"天上无云不下雨，地下无媒不成亲"。男女双方一般都要经人从中说合，才能"结丝罗"，"偕秦晋"，"结连理"，"通二姓之好"。这种说合，就叫"说媒"。中华人民共和国成立之后，"说媒"曾改称为"做介绍"，做这种说合工作的人，在女子出房相亲时要梳妆打扮雅称为"月老"，俗称为"媒人"，后来改称"介绍人"。

说媒也叫议婚，议婚即商议婚事。婚姻原来是男女双方当事人的事情，应由他们自己决定，但在传统婚姻中却不是这样。传统婚姻讲究"父母之命，媒妁之言"，议婚主要是双方家长的事，与当事人关系不大。所以婚姻的开端叫议婚，而不叫谈恋爱。

媒人是议婚的发起人。媒人可以是一人，也可以是两人，这要看媒人的情况而定。如果对男女两家情况都比较熟悉，一个媒人就可以了。否则，媒人就要由各了解一方情况的二人担当。门当户对是议婚的基本原则，其次才是男女双方的情况。因而结婚又叫结亲，两家联姻在婚姻中占有重要位置。

说媒不是一件轻松事，这从媒人被人雅称为"冰人""冰斧"就可以知道。据《晋书》记载，孝廉令狐策做了一个梦，梦见自己躺在冰上，同冰下的人说话。友人解释这个梦说："你在冰上同冰下的人说话，这象征着你在调和阴阳，调和阴阳就是做媒介，你将会给别人做媒。但这媒不容易做，要用你的热情把冰融化了，男女双方才能成婚。"看来，做媒是需要热情和毅力的。

议婚中非常重要的是了解男女双方的家庭情况，家庭情况主要是看财产、社会地位、人口构成、为人口碑等。财产包括土地、房屋、在城镇有无商号、近几年的经济状况等。未来的女婿在今后能得到多少财产也很重要。社会地位首先是指家庭根基。上几代有无功名，现在有无为官之人，是世家还是新富。其次是家庭主人的职业，在村镇中有无声望等。人口构成是看公婆和兄弟姐妹的情况。公婆身体如何，是否全都健在。女家最怕未来公婆身体不好。这样一嫁过去就得侍候多病的公婆。人口少的清静之户，一般为女家所喜欢。兄弟姐妹多，矛盾就多，姐妹关系也不容易处好。为人口碑也都特别重视。女家最怕男家婆婆有恶名，这样的婆婆不好侍候，女儿过去会受苦受罪。男家最忌讳女家有淫名，这样家庭出来的女儿，十有八九会红杏出墙。有善良忠厚之名，最受人欢迎。

男女双方的情况主要是看年龄、属相、人品、身体有无疾病。对女方重视的是闺门声誉，对男方则要求没有不良嗜好。

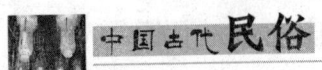

如果双方家庭情况基本相当，男女当事人的情况也很正常，这门亲事成功的可能性就会很大。大多数女家喜欢借此高攀，找那些家庭情况好于自家的人家。一是使女儿生活有靠，二是自家今后能沾点光。低就的情形不多，至少也要是门当户对。

议婚最重视诚信，媒人介绍情况，不能弄虚作假，隐瞒真情。否则不管哪一方发现事情有假，婚事都会告吹，媒人的名誉也会受到损害。听过媒人介绍，如男女两家都有几分同意，议婚就算圆满成功，随后便开始进行下一步的程序。

相亲

古代女子往往"生在深闺人未识，是妍是媸无人知晓"。经媒人说合后，男方往往提出看一看的要求。这种由男方在媒人的带领下到女家作初步访问的活动，称之为"看亲"，雅称"相亲"。

相亲是男女两家直接相看婚姻当事人。女家是相看女婿，男家是相看儿媳。相亲礼俗是起源于择婿。父亲看到某个青年男子各方面条件不错，有意将女儿许配给他，便主动谈及婚事。春秋战国时，史书开始载有择婿之事。到了汉魏六朝，择婿礼俗十分盛行。汉高祖刘邦即是吕后父亲吕公亲自挑选的女婿。宋时《梦粱录》说："然后男家择日备酒礼诣女家，或借园圃，或湖舫内，两亲相见，谓之相亲。"这里说的相亲，只是说男女双方家长相见，并未说是否相看婚姻当事人。

在明清时相亲则是专指相看当事人。相看未来的女婿，女家多是由父亲出面；相看未来的儿媳，男家多是由母亲前往，这样相看也较为方便，也有委托媒人或至亲去相亲的。相看时男女当事人有时知情，有时不知情，这要看父母是否开明，大多数父母会在事前告诉儿女。当事人即使明白事由，按规矩也要装作不知，不能让相看人觉得有什么虚假造作。

相看女婿的形式很多，事前定好时间妆奁和地点，或在集市上相遇，或在地里做活路过。有时直接到男家串门，有时是媒人陪着男方前往女家拜访。《今古奇观·钱秀才错占凤凰俦》中有一段相亲描述，反映了女家相看女婿的情形。

富家子弟颜俊，相貌丑陋，不学无术，听说几十里外的高赞有个女儿才华出众,貌似天仙,正在择婿,便委托媒人前去说亲。高家提出要男方来家相亲,颜俊自知亲自前去事情肯定会告吹,便央求虽无什么家财,但一表人才的表弟钱青代替自己前往女家。钱青因依附表兄家读书,无法推辞,只好答应。钱青到达高赞家后,高赞看到钱青一表人才,心中已经十分高兴。两人交谈后,高赞看到钱青的举止谈吐优雅,暗中佩服。然后让儿子的老师考查他的才学,结果这位老师都自愧不如,高家对这门婚事是十二分的满意。

男家对女方的相亲形式比较单纯,一般都是在女方家里进行。旧时讲究闺范,未婚青年女子,平常大门不出,都是在家中做事。相亲时,男家有时根本不去人,媒人以串门聊天的形式,到女家去相亲。女方这时大多坐在炕上,做针线活。相亲人一边与女方母亲聊天,一边仔细端详女方。从容貌、身材、肤色,到针线活水平,都会一一相看。有时还会找些话题,与女方直接说几句话。如果女方手巧,女方母亲就会拿出女方做的针线活,让相看的看,相亲人借此夸奖几句。女方明知是相亲来了,但又不好说什么,这时多是羞涩难当。相亲人不仅看女方本人情况,还要看家庭情况,有其母必有其女。家里收拾得整齐干净,女儿必是手脚勤快之人。

相亲的日子是由媒人预先订好并通知男女双方的,因此,双方都要做好准备。男方要根据女方父母的爱好,准备一点礼物;女方要洒扫庭院,准备接待客人。作为当事人,男女二人都要打扮得尽可能有风度、有光彩一些,以便给对方一个好的"第一印象"。

看亲是婚姻能否成功的一个关键环节,特别是男方,尤其要慎重对待。礼物虽无非烟酒点心之类,并不在乎数量多,价值高,而一定要投其所好,切忌触犯对方父母的禁忌;衣着打扮要大方入时;言行举止要谦虚有礼。古时看亲时,男子只能由媒人创造机会偷偷看姑娘一眼,现在不同了,男女双方可以直接见面、谈话,双方都有机会对对方有一个初步的了解。

中国是个"礼仪之邦",讲究含蓄。看亲的结果往往并不直接表白出来,而用各种暗示来表现。很多地方都是在男方进门之后,女方父母先给小伙子倒上一杯热茶,小伙子看了姑娘觉得中意,就把这杯茶一口饮干。然后姑娘的父母同姑娘一起商量,如同意结亲,就留男方和媒人吃饭,不同意就任由男方告辞回家,有的父母甚至还托媒人将男方带来的见面礼带走。

有些地区除了看亲之外,还有"察人家"的习俗。"察人家"其实也是看亲,是男方由媒人带领到女方看过姑娘后,女方父母对婚事暂不表态,再由媒人带领，回访男家。祁阳一带则称为"看当"。看当时，男方父母应先奉上香茶一盏，然后和女方父母交谈。女方父母通过察看男家并与男方父母交谈，如果对婚事认可，就将香茶喝尽，男方父母立即以"亲家"相称，并盛情款待客人。否则，女方父母应起身告辞，男方不要勉强留客。

聘礼

相亲之后，要履行订婚手续，俗称"过礼"。"过礼"的第一步，是由媒人把男方的生辰八字送到女方，女方的生辰八字送到男方，有些迷信的父母，自认为是对儿女的婚事负责，往往在接到红帖之后要请算命先生推算一下，

聘礼

看双方的"生辰八字"是否相合，如果不合，婚事就要重新考虑。

"换帖""合八字"之后，媒人要选个好日子，带男方去"过礼"订婚。"过礼"是大事，一般嫁娶的主动者（无论男女）要向另一方送一笔重礼。

聘礼是男家在女家答应婚事后，送给女家的订婚财物。聘礼又称聘币、聘财，民间称财礼、红定。把聘礼送给女家，称送聘、下财礼、下定、下花红。聘礼在订婚仪式中占有重要位置，人们非常重视。只要女家收下财礼，即使没有写婚约证书，人们也会认为婚事已定。

聘礼应出现在从夫居时代。在这以前婚姻形式是从妻居，男不婚，女不嫁，双方经济上没有什么来往，婚姻关系随时可以解除，自然不会有什么聘礼。实行从夫居后，女方嫁到男家。女方家庭将女儿养育成人，付出许多艰辛，现将女儿白白嫁出，总觉得有些得不偿失，希望男方给一定的补偿，哪怕是象征性的，心里也会略微平衡。男方为了得到女方，也认为应该做出补偿，聘礼习俗逐渐形成。

民间聘礼自古无定数，完全是随时而定。每个时代、每个地方标准都不相同。无论是什么人，聘礼都是以当时标准为基准，上下略有浮动。如果过于节俭，就会受到人们的耻笑，有时还会导致婚事告吹。聘礼多少为宜，这一点要看家庭的社会地位和经济状况。男方家庭社会地位高，经济状况好，聘礼自会丰富。女方家庭社会地位和经济状况优越，嫁妆也不会薄。婚姻讲究门当户对，聘礼和嫁妆是其中的一个原因。穷人与富家结亲，嫁妆和聘礼怎么出？少了人家看不上，多了自家出不起。穷对穷，富对富，双方经济实力相当，聘礼和嫁妆都好确定。

追求聘礼数量，甚至以聘礼多少为出发点，考虑是否缔结婚姻，名为嫁女，实为卖女，是聘礼风俗中的不良风气。秦汉时这种风气开始流行，在整个封建社会，几乎从未停止。虽然统治阶级利用礼法、圣训、文告等形式，把聘礼限定在一定数量内，对索要高额聘礼的给予处罚，可实际上收效甚微。从整个社会情况来看，聘礼的薄厚，还是与社会的发展水平相适应的。大多数人家，在送聘礼和收聘礼时，看重的还是礼仪和情谊，不会过多计较财礼的物质价值。

历朝聘礼的构成各有特点。周朝是玉帛俪皮，战国时开始使用金钱。汉朝以黄金为主，实物是附属。魏晋南北朝多用兽皮。到了隋唐两朝，聘礼品物繁多，金银珠宝，绸缎布匹，衣饰被褥，都可成为聘礼。进入宋代，富贵

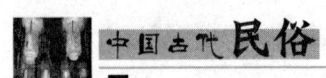

人家置办聘礼，除一般物品外，流行给女方制作一些纯金首饰，常见的是金钏、金锭、金帔坠，号称三金。经济稍差一点的人家则用白银打制，也有银制镶金的。明清时期，打制金银首饰更加普遍，手镯、耳环、耳坠、戒指最为流行。普通百姓之家，置办不起成套饰物，至少要准备一两件银饰。

聘礼通常在迎娶前一百天或两个月给女家送去，也叫放大定。具体日期由男女两家协商确定。送聘礼时还要正式通知女家娶亲的吉期，故又叫"通信过礼"。女家收到聘礼，大多先陈列在庭院，请亲友们观看，显示男家聘礼的丰厚。

迎亲

佳期在即，男女两家都要杀猪宰鸡，准备喜宴，还要请好厨师、傧相、伴娘、轿夫、账房、师爷及其他帮着办事的勤杂人员。这些人应聘后，应在迎娶的前一天即到主家开始工作，做好迎亲摆宴的准备工作。

传统婚礼一般是女家早晨"出嫁酒"，男家中午摆喜宴；如果是纳婿（招郎——男到女家）则反之。

一切准备就绪后，男家鸣炮奏乐，发轿迎亲。媒人先到，接着是新郎、伴娘、花轿、乐队、礼盒队。

女家在花轿到来之前，要准备好喜宴。姑娘要由母亲或姐姐梳好头，用丝线绞去脸上的绒毛，化好妆，谓之"开脸"，然后饰上凤冠霞帔，蒙上红布盖头，等待迎亲的花轿。

花轿一到，女家奏乐鸣炮相迎。迎亲队伍进入女家堂屋后，花轿落好，新郎叩拜岳父岳母，并呈上以其父名义写好的大红迎亲柬帖。接着是女家奏乐开筵。席间，媒人和新郎要小心谨慎一些，因为中国民间有不少不成文的习俗，在新婚的三天里，亲朋好友中的平辈和晚辈青少年可以别出心裁地在媒人和新郎身上编演几出小小的闹剧，称之为"洗媒"和"挂红"（乡下俗称"贺新客"）。新娘的嫂子说不定会在盛给新郎的饭碗下层埋伏半碗辣椒面；新娘的妹妹会在斟酒时特别给姐夫抹一把锅底灰。对这些能增加欢乐气氛的小闹剧，媒人和新郎应该容让——虽不妨也"以其人之道还治其人之身"，小小地报复一下，但却绝不能生气、发火，甚至同主客吵闹、扭打。

早宴之后，新郎新娘在媒人的引导下向新娘的祖宗牌位和长辈行过礼之后，伴娘就可搀着新娘上花轿了。

上轿时，新娘要痛哭，以示对父母家人的依恋。哭嫁是亲迎仪式中一道独特的风景。女子拜别养育自己多年的父母，到一个陌生的环境，心中少不了不舍和茫然，于是悄然饮泣，甚至失声痛哭。哭嫁的程序一般是先有母女对哭，姑嫂对哭，后由周围邻居未婚姑娘和青年媳妇前来陪哭。哭者和陪哭者都拿着手绢坐在床上，两人一仰一俯地对哭，其他伙伴低声饮泣。陪哭一个接一个，直到新娘哭倦了才停止。有时亲戚相邻前来送礼看望，也会相对哭一阵，作拜贺答谢之礼节。等到上轿的那一天，哭嫁终于达到了高潮，这时不仅要痛哭，还要边哭边唱，其内容有感谢父母养育之恩的，有拜别兄弟姑嫂的，有痛骂媒人多事的，也有恋恋不舍、不愿上轿的。

新娘上轿后，即奏乐鸣炮，启轿发亲。乐队在前，乐队后面是新郎（有条件的要骑马），接着是花轿和其他送亲的人员。新娘在启轿时，往往要塞个红包给轿夫，以免花轿摇摆得过于厉害。

哭嫁接亲的队伍将要到达新郎家门口时，男家要鸣炮动乐相迎。花轿停在新郎家的堂屋门前，男家请的伴娘（一般是年轻貌美的女子）要上前掀起轿帘，将新娘搀下轿来，傧相上前赞礼，宾客向新郎、新娘身上散花（一般用红、黄各色纸屑替代），将婚礼推向高潮。

拜堂

拜堂，亦称"拜天地"或"拜花烛"。此俗源起伏羲女娲兄妹成婚的故事，当时并无媒人撮合，而是天地为证，这才有了婚姻与人类的繁衍。所以，后人结婚都要拜天拜地，具有表示这门婚事是天作之合，并有天地为证，因而也将得到天地护佑的多重意义。其实周公所订"六礼"中，并无拜堂一节，一般认为这是北朝后才兴起的礼仪，发轫于北方少数民族，然后经汉族吸收演变而来。唐封演《封氏闻见记》云："近世婚嫁，有障车、下婿、却扇及观花烛事，及有下地安帐并拜堂之礼。上自皇室，下自士庶，莫本不皆然。"可知拜堂之俗在唐代已十分流行。

婚礼前张罗拜堂的仪式是在喜堂正面放一张供奉天地诸神的"天地桌"，桌上除置有天地牌位、祖先神座、彩印神、龙凤花烛等之外，还有盛满粮食的米斗，斗中插有弓、箭、尺、秤等物，俗称"三媒六证"，表示这门婚姻男

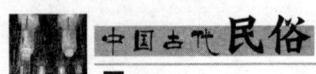

女相配,合礼合法。天地桌后面和喜堂两边,都挂着亲友送贺的喜幛贺联和各种吉祥画儿,又有太师椅两把,准备给男方的父母接受拜礼时坐的。吉时一到,燃香点烛,奏乐鸣爆竹,乐止,司仪喝令,新郎、新娘分男左女右站定,随掌礼人喊令声开始跪拜。礼生唱"一拜天地,二拜高堂,夫妻交拜",因为拜天地时已经将拜祖先包含在内了。此外,也有许多地方把拜天地安排在庭院中,或是新人拜天地时对空而拜背夫妻对拜对花烛面向庭院,庭院无遮无盖,上有天,下有地,可谓名副其实的拜天拜地了。

许多地区还把拜堂口令念成押韵的歌谣,如"香烟缤纷,灯烛辉煌。新郎新娘,双双一夫一妻共拜堂。一拜天地,二拜高堂。夫妻对拜,送入洞房。""一拜天,二拜地,三拜生身亲爹娘。夫妇交拜两相喜,拜毕新人入洞房。"

喜宴

在传统婚礼进行的前一天男家已经张灯结彩,其布置大略如下:堂屋:

古代喜宴用具

门前对联一副，加横批。堂屋中间高悬一方形彩灯，彩灯四面分别绘上"鸾凤和鸣""观音送子""状元及第""合家欢"图案。香案上一对硕大红烛。两边"对座"墙上贴"陪对"一幅。后"金墙"上贴"天地君亲师位"六个大字，自上而下直写。这六个字的写法有讲究：天要平，即"天"字的两横要写平，不能弯曲；地要宽，即"地"字写宽一些，不要过窄；君不开，即"君"字要全封闭，不能留空隙；亲不闭目，即写繁体"亲"字，右边的"见"字不能把上面的"目"字最后一横全部封住；师无别意，即繁体的"师"字要少写一撇。

新房：门框两边贴对联一副，加横批（横批一般写"鸾凤和鸣"四字）；门上贴大红双喜字；新房正中悬彩灯；窗户上贴剪纸的大红双喜字，四角贴剪纸的蝴蝶图案；窗户两边贴对联；墙壁四周挂字画。

厨房：正门对联一副，加横批，门上贴红"喜"字。

其他：所有房间门上均贴"喜"字一个。

拜堂之后，新娘便在新房落座，不再出来。新郎要走出新房接待贺客。如在宾馆、酒家宴宾，则夫妻双方都得出去会见宾客并向宾客敬酒。喜宴要按来客的尊卑长幼排定座位，称大婚时的喜宴为"请客"，或者"清客"。排座位的原则是上尊下卑，右尊左卑，客人按其长幼和身份、地位从高到低排列座次。

主席要摆在堂屋上方正中，请"大亲"坐上首右边席位，新郎的父亲或舅父坐上首左边席位作陪，其余按尊卑长幼对号入座。

除堂屋的正席外，次尊贵的一席摆在新房中，请新娘的母亲坐首位，由新郎的母亲或舅母作陪。其他各席的座位一般也要按尊卑次序排定。

座位排定后，傧相宣布动乐鸣炮开宴，新郎要先到首席斟酒敬酒，说几句表示感谢的话祝酒，然后，厨房开上第一道菜来，把婚宴推向高潮。

各席的酒菜应该一个样，唯"男大亲"和"女大亲"所在的席次，通例必须有清蒸的猪肘子一个。而且，新郎要时刻守候在桌边，为"上亲"斟酒、送热毛巾等，以示尊敬。

喜宴结束前，媒人早已溜走，谓之"逃席"。倘若不走，"洗媒"的人会把他的脸抹成锅底。喜宴结束后，"上亲"先退到堂屋休息一会儿，吃些点心，由男方尊长陪着说些客套话，待勤杂人员把席面撤去，扫了地，大亲就该起身告辞了。临起时，男家要"打发"衣料、鞋袜之类，讲究的还有红包。

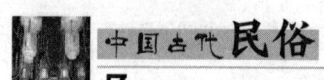

"送大亲"又是一个热闹场面,男家所有体面的人都要送到门口,还要鸣炮动乐,以示敬重。新郎及其父母应送客至村口。

闹洞房

曾几何时,婚礼作为个人私密,严格遵守不乐、不贺的规定,可是到了汉代,看新妇、听房,乃至闹洞房都成了通行的习俗。闹洞房时,男女老少齐聚一堂,除了新人的父母、祖父母和鳏寡孤独等不祥人以外,其他人均可参加,并且极尽嬉闹之能事。其中大致可以分为文闹和武闹。

闹洞房文闹就是用言语挑逗新人,或者说些"黄段子",让新郎新娘难以启齿、无地自容。也有的让新娘唱一些现编俚曲,其中自然少不了情爱之词,以之取乐。文闹虽然不雅,武闹却更让人难堪,有时甚至造成人身伤害。

汉唐的武闹,都有打女婿的旧俗,"婿拜合日,妇家亲宾妇女毕集,各以杖打婿为戏乐,至有大委顿者"。唐代还发生过误杀新郎的案子。当时有某甲娶亲,亲友们在一边戏弄。正巧边上有个柜子,乙、丙二人就强押甲入柜,说是拘禁他的牢狱,还关上了柜门。没想到等他们将甲放出之时,甲早已窒息而死。

武闹更多的则是针对新娘,即"弄新妇"。在场之亲友,毛手毛脚,占尽便宜。所以有的妇女在嫁娶之时,便将衣服、鞋袜都用针线密密地缝缀,防止新婚之夜被人拽开出丑。

俗话说"新婚三日无大小",闹房的痛快反映出一种普遍的变态心理。于宾客而言,似乎从闹房中得到了某些补偿,将平日里一直受压抑的性渴望部分地发泄到新人身上;于主人而言,则似乎闹得越热闹越吉利,全然没有保护新人的意思,其动机无非有二:一是怕影响了邻里、亲友的感情,二是迷信地认为女子阴气重,易引来鬼魅、妖魔,因而默许闹洞房以增加人气。闹房捉弄新郎可这么做,伤害到的是不谙世事的年轻夫妇。尤其是养在深闺的新娘,突然受到如此荒唐、淫滥的对待,其心理上所受的冲击可想而知。

在闹洞房时,有许多捉弄新郎新娘的游戏。常见的游戏有如下一些玩法:

游戏之一: 取筷子

将一双筷子置于酒瓶中,只露出很短一截,让新郎新娘全力用嘴唇把筷

子取出，实际就是请两人表演亲吻。

游戏之二：吃香蕉

用弹性绳捆住香蕉吊于新郎跃起能够到的高度，新郎用嘴拉下香蕉。新郎新娘用嘴剥皮，然后共同把它吃完。为了不让绳子缩回，一个做动作，另一个必须咬住香蕉，这就要看两人的配合了。

游戏之三：点火柴

将火柴插于红枣上，在盛水的盆里漂浮。一根红线中间扎一支点燃的香烟，两头分别由新人咬住，两人你进我退，合力用烟点燃盆中的火柴。要屏住呼吸，用扎实的"牙功"与眼光才能获得成功。

游戏之四：夹弹子

新郎误以为闹房者为小偷，大打出手准备一盘玻璃弹子，让新郎新娘各执一根筷子，两人一齐将弹子夹出。

游戏之五：对诗比赛

若新郎新娘是喜爱文学的，那么请他们来一次对诗擂台赛。先由新郎吟诗一句，然后新娘接吟，要求接吟的句中至少有一个字与上一句相同，如此反复，接不下来者判负，负者表演节目。

游戏之六：夫妻识字

这个"识字"是让新郎选一个"字"（或一个短语），然后请新郎做各种动作（不准说话，不准用手描笔画）给新娘看，要使新娘能"识"这个字。选"字"的时候，挑那些与新婚气氛相吻合的内容，如"爱""恋""夫妻"等。

游戏之七：说昵称

新郎新娘分别想10个昵称去称呼对方，什么心肝啊，宝贝啊，狗狗啊，

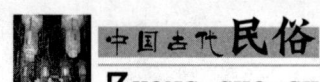

越肉麻越好。如果来宾不满意，则可要求再说。

游戏之八： 亲亲甜心

新郎仰面躺在床上，然后把切得薄薄的香蕉片贴在他的脸上和脖子上，让蒙着眼睛的新娘用嘴去找那些香蕉片。

游戏之九： 接吻

直接要求新郎新娘接一个长吻，三分钟或是五分钟都可以。

游戏之十： 撒喜床

撒喜床是在闹洞房时，由新郎的嫂嫂表演的一种边歌边舞的游戏，嫂嫂手托盘子，盘内铺红纸，红纸上放栗子、枣、花生、桂圆等物。新娘坐在床上，嫂嫂抓干果往床上撒，边撒边唱。闹洞房的众人听了嫂嫂的歌唱，也随声附和，洞房中欢声笑语彻夜不断，嬉笑打闹声一浪高过一浪。

其实，闹房对于没有恋爱基础的新人来说，是一种很好的调节，可以消除陌生感和距离感，缓和紧张的心理，同时，适当地喝一些酒，听一些"黄段子"，也有利于刺激情欲，使他们初次的性生活过得更为美妙和谐。只是"过犹不及"，一些明显出格的举止行为将好事变为陋习，实在是令人扼腕。

传统婚礼

中国传统婚礼内容丰富，形式多样。在古代，从择偶到结婚共有六个程序，即纳采、问名、纳吉、纳征、请期、亲迎，合称"六礼"。

光绪大婚时坤宁宫喜字门"纳采"是男方家派遣媒人去女方家提亲，如果女方父母同意，男方家再带着礼物，正式向女方求婚。所带礼物，最早是雁（一种候鸟，又叫大雁，秋天飞到南方，春天又飞回北方，飞时排列成行），后来也有用羊、合欢等物的，古人常常用这些动物或植物来象征夫妻感情牢固，恩爱和睦。

"问名"是男方在求婚之后，通过媒人进一步询问女方情况的礼节。询问的内容，大致包括女方生母的姓名，女方本人的名字、排行、生辰八字（包

括出生年、月、日、时，用天干和地支表示，共八个字）等。问后男方还要请人占卜吉凶。

"纳吉"是男方用占卜的方法来确定这种结合是否吉祥，然后把结果告诉女方的程序。

"纳征"也叫"纳币"，是男方向女方赠送彩礼（聘礼）的一种仪式，同时也是男女双方进入成婚阶段的一个重要标志。

"请期"是男方家在定好迎娶的日期之后，带着礼物去女方家以征求对方的同意，迎娶日期当然要选取佳期、吉日。

"亲迎"指新郎去女方家迎娶新娘，是整个婚礼程序中最烦琐、也最热闹的仪式。过程主要有拜堂、行合卺礼、撒帐、闹洞房等。

在传统婚姻习俗从古至今的发展过程中，中国各地民间婚礼实际上并不严格遵守"六礼"的烦琐仪式，反而呈现出越来越简化的趋势。从一般程序来看，大致包括婚前礼、嫁娶礼、婚后礼三个步骤。

1. 婚前礼

民间传统仪式主要有定情、说亲、相亲、订婚等。

（1）定情：以物定情的习俗无论是在汉族还是少数民族中都很流行。中国民间把信物定情看作男女之间确立爱情关系的重要形式。忠实于爱情的男女常常把对方所赠的信物视为生命。如果恋爱中的一方将信物丢失，就会被对方看作对爱情不忠；如果把信物退回，则意味着感情的破裂。古代汉族民间流行的信物有"如意""凤钗""荷包""戒指""红豆"等。

（2）说亲：又称"提亲"，一般由男方家长委托媒人或亲友、邻里到女方家传达结亲的意愿。

在中国传统婚姻中，媒人担当着重要角色。媒人又叫"媒公""媒婆"，在男女婚姻中起牵线搭桥的作用。媒人的担当者除了男方或女方的亲友以外，还有一种职业媒人，大多数是消息灵通且能说会道的妇女，她们无论是在男方家还是女方家说亲，都尽量讲对方的优点，以促使双方成婚，如果婚事说成了，男女双方都要送给媒人丰厚的谢礼。而有些贪图钱财的媒人，为了个人得到好处，会隐瞒真实的情况，使婚姻当事人在物质和精神上都受到极大损害，因此，在民间口头创作中，媒人的形象常常是不光彩的。在中国历史上，赫赫有名的媒人是"月下老人"和"红娘"，有关他们的故事家喻户晓。

在现代社会中，男女青年虽以自由恋爱为主，但有时媒人还会起着牵线搭桥的作用。

（3）相亲：民间又叫作"相门户""看屋里"。相亲的目的主要有两个：一是考察对方的家庭情况；二是了解婚姻当事人的条件（如身材相貌、言谈举止等）是否与媒人的介绍一致。相亲的方式各地不同，有的是由媒人带着女方家长到男方家相看，有的则是让男女双方当事人由媒人安排见面。地点可以在家里，也可以在公共场所，如茶馆、公园或影剧院门口等。

（4）订婚：又叫"许亲"或"定亲"。传统的订婚仪式要写婚约并传递婚柬。婚柬是一种专门用于书写婚约的印刷品。通常折成六折，双方都把婚约写在上面，并通过媒人传给对方作为凭证。婚柬上印有喜庆吉祥图案，一般男方的帖子上印有龙，女方的帖子上印有凤。

传柬订婚要选择吉日，由男方准备好酒席，分别邀请两家亲友吃"定亲饭"。男方在这一天要送给女方衣料和金银首饰等贵重礼物，主要有戒指、耳环、手镯等。另外还要送给女方的父母和祖父母一份厚礼。礼品的样数与件数均要成双。女方家要给回礼，常见的礼品有文房四宝（纸、墨、笔、砚）、扇子、荷包、裤带等。

订婚是婚前礼中最重要的一个程序。订婚之后，男女双方虽然还未成婚，但是已经确定了夫妻关系。这时，女方就不能再答应其他人家的求婚。

与封建时代深受礼法束缚的汉族婚姻形式相比，中国少数民族的婚姻恋爱方式显得自由而富有诗意。不少民族都有用歌来表达感情和心意的方式，比如在广西瑶族，山歌常常成为青年男女相互钟情的"媒人"。

2. 嫁娶礼

按照中国传统说法，女子结婚叫作"嫁"，男子结婚叫作"娶"。对男方来说，结婚当天举行的仪式叫"亲迎""迎娶""娶媳妇"；而对女方来说则叫作"出阁"或"嫁闺女"。在嫁娶仪礼中包含着一系列具有象征意义的复杂仪式，主要有催妆、送嫁妆、铺床、哭嫁、迎亲、拜堂、入洞房、撒帐、闹房等。

（1）催妆：中国各地都有催妆的习俗，一般在婚期临近时举行。"催妆"也叫"催嫁妆"，即男方送礼物给女方。礼物通常是食物，如面粉、肉、盐、鱼等。在中国文化中，"鱼"常常具有吉祥意味，如"鲤鱼跳龙门""年年有鱼（余）"等。中国传统民俗中用鱼的地方很多，婚礼中常用鲤鱼或鲫鱼来表达美好的心愿；而一些没有鲜鱼的地方或买不起鲜鱼的人家，就用一对木雕的鱼来代替。

（2）送嫁妆：嫁妆是女方带到男方家的陪嫁物。陪嫁的多少与好坏，全要看女方的经济条件。当女方收了男方家送来的催妆礼之后，就要给男方送嫁妆。最普通的嫁妆包括新娘穿的衣服、梳妆用具、床上用品、卫生洁具、手工艺品等。至于嫁妆的种类与搭配则因地而异。比如，有的地方要在枕头里装上筷子，谐音"快子"，即快生儿子；鞋里放上麸子，谐音"福子"；有的还要在被子的四角缝上枣和花生，谐音"早生子""花搭着生"（有儿有女）。

在广东饶平县，当女子出嫁时，做母亲的一定要送给女儿一盒缝衣针和一把骨梳。新娘到夫家以后，就把针分送给夫家的女人们和邻居的婆婆婶婶，用意在于：用针缝住女辈们的嘴，使她们凡事多包涵指教，不要对新娘挑剔刻薄。而送骨梳的含义则是希望女儿做事像梳理头发一样有条不紊。

生活在广东梅县的客家人结婚时用的陪嫁物是一把"油纸伞"，目的是取一个好兆头。油纸伞的形状与一般的雨伞差不多，只是原料和工艺不同。它的主要材料是竹子和白砂纸。制作方法是：先用竹子制成伞柄和张合架，再糊上纸，并画上各种图案，最后涂桐油。

在客家人的心目中，油纸伞不仅是一种普通的日用品，而且具有吉祥的意义。因为"纸"与"子"谐音，作为嫁妆暗示着"早生贵子"。另外，中国古代繁体字中的"伞"字里面有五个"人"：在一个大的人字下有四个小人，所以象征着"多子多孙"。而用竹子制成的伞柄，中空外直，寓意为："无私无邪"。油纸伞的第三种寓意是"婚姻圆满"，这是由伞张开以后形成圆形而引申的。此外，从伞的蔽日挡雨的功能还可以引申出"驱恶辟邪"的含义。由于上述种种原因，至今在南洋和台湾等地的客家人中仍保留着用"油纸伞"做陪嫁的习俗。

（3）铺床：铺床是指为新郎新娘铺设婚床。中国民间对铺床十分重视，布置新房的重点即在于铺床，一般在嫁妆送到之后进行。铺床的人必须要请父母健在、夫妻双全、子女众多的女性来担任，俗称"全福人"，并且要口齿伶俐，能说会唱，因为铺床叠被时常伴有喜话或喜歌，内容大多是祝愿新人早得贵子、多生贵子、家业兴旺等，以给新人带来祝福和吉祥。

（4）哭嫁：中国民间曾普遍存在哭嫁的婚俗。哭嫁源于原始社会的掠夺婚。原始社会后期，人类社会由以母系为中心转变到以父系为中心。随着女人社会地位与家庭地位的丧失，女性在婚姻关系中逐渐沦为男性的附属品。那时还没有统一的国家，人们是以血缘为纽带组成不同的氏族与部落。当部落之间爆发战争时，女人就常常成为敌对双方抢掠的对象。在被男人掠夺时，女人们通常发出痛苦而悲惨的呼号，这种求救的呼声便是哭嫁习俗中悲歌叹情的来源。

　　哭嫁习俗自远古沿袭至近现代，还有另外一个原因。在封建时代，由于包办婚与买卖婚的盛行，女子无权选择自己的婚姻对象，只能"嫁鸡随鸡，嫁狗随狗"，因而出嫁对于女孩子来说，是一件吉凶未卜的事，其中悲愁多于喜悦和欢欣。在即将和父母家人离别的时刻，用哭声来表达依依惜别之情，诉说父母的养育之恩和兄弟姐妹的手足之情，是很自然的。

　　哭嫁流行的第三个原因与人们期盼生活富裕发达的传统心理有关。中国民间认为哭嫁是"哭发"，哭得越凶越久，新娘和夫家日后的生活就会越发达。因此，出嫁时不哭反而显得有些不吉利了。所以，有时新娘实在哭不出来，母亲还要狠狠地拧她一把，使她疼得哭起来。据说，新娘的母亲之所以这样做，是为了让新郎家的人看到新娘对娘家的眷恋，日后加倍地疼爱她。

哭嫁

哭嫁时往往要唱各种内容的哭嫁歌，如广东石城、新民一带的哭嫁歌有《接轿歌》《骂媒歌》《梳头歌》《洗面歌》《穿衣歌》《叹姊妹送礼歌》《祝祖歌》《牵新娘上轿歌》《辞别兄弟歌》等20多首。哭嫁时并不是一直哭个不停，有时也停下来说笑一阵或边哭边说。

（5）迎亲：也叫"亲迎"，即新郎迎娶新娘。在各种婚姻仪礼中，亲迎的程序可以说是最烦琐、最复杂的，花样也最多。过去新郎迎亲多用花轿，也有坐船、骑驴、骑马或步行的，现代都市里一般用汽车。传统迎亲队伍要有仪仗，少则二三十人，多的上百人。迎亲的队伍中有陪伴新郎并熟悉礼仪的娶亲太太和伴郎；送亲的队伍中有陪伴新娘的伴娘、陪轿的男孩以及新娘的舅舅、叔叔和兄弟等。

新娘上轿之前要参拜祖宗牌位，然后拜辞父母，由亲兄弟或舅舅背上轿或者坐在椅子上由家人抬到轿前，再由迎亲妇女搀扶上轿。当花轿抬到男方家时，接亲的人们要到轿前来迎接新娘。此时，各地都有向新娘抛撒豆谷的习俗，俗称"撒谷豆""撒喜果"等。抛撒的东西有谷草秆、红枣、桂圆、瓜子、花生、核桃、栗子、铜钱等，撒时还要唱喜歌。

下轿时，人们要在新娘脚前铺上席子、红毡或麻袋。新娘上、下轿都要脚踏红毡的原因与民间的迷信思想有关。中国民间认为这样做有两个作用：第一可以避免鬼怪邪魔的侵扰；第二可以防止新娘脚上沾土，从而把娘家种庄稼的运气带走（俗话说"土能生万物，地可产黄金"）。除此之外，很多地方还有让新娘跨火盆、跨马鞍的习俗。跨火盆是为了驱邪，跨马鞍则是为了求得平安。迎亲时，不少地方还有刁难新郎的习俗。

（6）拜堂：又称"拜天地""拜花堂"。一般在厅堂的洞房门口举行，有的是在院子里。厅堂或院中都要设供桌，用来供天、地、君、亲、师的牌位，供桌后面摆放祖宗牌位。新郎新娘拜天地时，要由司仪（举行典礼或仪式时报告进行程序的人）来引导。拜堂的对象各地不同，比较普遍的是三拜：一拜天地；二拜祖宗（或二拜高堂，即拜父母）；三是夫妻对拜。也有四拜的，即一拜天地；二拜祖宗；三拜父母；最后夫妻对拜。有时还要拜族里乡亲和前来贺喜的宾客，以便使新娘确认亲戚、邻里关系并得到家族与社会的承认。

（7）入洞房：洞房是中国民间对新郎新娘结婚时用的新房的俗称。在举行结婚仪式前，新郎家早早地就把新房粉刷、布置一新。室内除安置一张婚

挑盖头

床外，还要放一张桌子，俗称"长寿（命）桌"，用来供放新婚之夜的红烛。洞房门口要贴大红喜字或喜联，窗户和墙上则贴有许多吉祥图案。入洞房是新郎新娘面对面正式以夫妻身份相处的一种仪式，主要程序有挑盖头、喝交杯酒等。

（8）挑盖头：是传统婚姻中新郎新娘首次正式见面的仪式。一般在入洞房之后举行，由新郎动手掀开（或用筷子挑开）罩在新娘头上的红布。

喝交杯酒是中国近代民间才有的称谓，古代把这种仪式叫作"合卺"。早期的做法是将一个匏瓜（一年生草本植物，果实比葫芦大）剖开，新郎新娘各执一半来共同饮酒。以后人们用酒杯代替了匏瓜，仪式的名称也随之改变为"喝交杯酒"（或叫"合欢酒""合婚酒"等）。常见的做法是：用红线将两个酒杯拴在一起，让新郎新娘各饮半杯之后，交换酒杯，再饮完对方余下的半杯。也有让新人手臂交错各饮对方杯中的酒。

（9）撒帐：撒帐是新人入洞房之后在婚床前举行的仪式。汉代已有这种习俗。最初是用五色果向床帐上抛撒以求多子多福。后世民间多用枣子、栗子、花生、桂圆等做撒帐物品，寓意是"早生贵子"。有些地方在撒帐时还要唱撒帐歌，如浙江嘉兴地区的撒帐歌：

撒帐东来撒过东，夫妻双双多和睦；
撒帐南来撒过南，人丁兴旺子孙多；
撒帐西来撒过西，蚕花好来心欢喜；
撒帐北来撒过北，省吃俭用好造屋。

以此祝愿新人生活甜蜜，儿女双全，家业兴旺等。

（10）闹洞房：又叫"闹房""戏妇"。汉代就已流行，到魏晋南北朝时已发展为婚礼的一个重要组成部分。清代以后，闹房习俗更加普及，流行的地域不仅限于汉族地区，在一些少数民族地区也同样存在。直到今天，这一习俗还保留在我国的不少地方。

闹新房是婚礼中的高潮。俗话说："新婚三日无大小。"这句话的意思是，在新婚后的三天中，亲朋好友、邻里宾客，不分男女长幼与辈分高低，都可以在新房中戏谑，用有趣的引人发笑的话开玩笑、逗弄新郎新娘。闹新房习俗自产生以来，历代盛行不衰，其原因主要在于民间信仰对人们心理的影响。俗语说："不闹不发，越闹越发。"中国民间认为闹新房不仅能增添新婚的喜庆气氛，而且能驱邪除恶，保佑新婚夫妇婚后日子红火，家业兴旺发达。

3. 婚后礼

这里主要指"回门"礼俗。结婚后，新郎陪新娘第一次回到娘家，俗称"回门""回亲"。这一仪式标志着新郎开始以女婿的身份正式进入女方家。回门的日期各地不同，有的在婚后第二天或第三天，也有在第五天、第六天、第七天、第九天、第十天或第十二天的，其中以第三天回门的居多。回门可以使新娘缓和一下初次做妻子（或媳妇）的紧张情绪，也可以使女方家有机会考验一下新女婿。考验的方式各地不同，在很多地方流行让新女婿吃辣饺子（或辣包子）的习俗。新郎如果怕辣不吃，新娘和她的家里人就会不高兴，因为这是考验新女婿将来是否能和女儿同甘共苦的一种仪式。如果新郎顺利通过了这些仪式，就会被女方的家庭愉快地接受。

回门是整个婚姻仪礼中的最后一个程序，它的实质是让新人的结合得到双方父母和亲友的承认，并正式确立两家的姻亲关系，实现家族的联合。

第三节
古代丧葬民俗

丧葬礼俗是社会风俗的重要组成部分，它包括不同民族、不同地域对死者举行的殓殡祭奠方面的礼节，也包括人类对于自己的祖先、对大自然及周围事物的敬仰、崇拜而采取的祭祀仪式。葬祭风格同社会其他礼俗一样，是一定社会经济生活的反映，也是不同时代不同文化观念的表达。

丧礼的起源与演变

人死称为丧，死者遗体的处理称为葬。丧葬礼仪，是人结束一生后，由亲属、邻里、好友等进行哀悼、纪念、评价的仪式，同时也是殓殡祭奠的仪式。由于我国地域辽阔，民族众多，各个地区、各个民族产生了不同的治丧、送葬方式，形成了各具特色的丧葬礼俗，人们用不同的方式，表达对死者的哀悼和怀念之情。

人类治理丧葬的活动可以上溯到原始社会。考察出土的古代墓葬，至少在两万年以前就已经有丧葬礼仪了。从两万年前的墓葬遗址看，死者旁边放有装饰物、食品、各种原始生产生活用具，可以证明当时已经为安慰死者的"灵魂"，安排死者生活举行过相应的仪式。

墓葬中死者放置的方向一般为头西脚东，表示灵魂寄托西方。在以后有了瓮棺后，常见到在棺的顶部凿一个小洞口，幻想着死者灵魂可以自由进出。随着灵魂不灭迷信思想的发展，随着物质生产的发展，陪葬物也有了新的变化。到了奴隶社会时期，厚葬之风盛行。用人做殉葬品是奴隶社会极端野蛮、极端残酷的社会习俗，其目的是让奴隶到阴间为奴隶主贵族继续效力。

古代葬礼

封建统治者惯常的奢葬，对社会风气产生了极为恶劣的影响。《皇家冢记》中记载了秦始皇的奢葬："始皇冢在骊山之右。中以水银为百川，金银为鸟雁，机相轮，上具天文，下具地理。以人鱼膏为烛，度久不灭，其葬时，后宫无子者皆葬殉，从死者甚众。"后世皇帝，无一不搜刮民脂民膏为自己建墓筑陵，墓中殉葬物尽揽天下奇珍异宝。而平民百姓由于受地主阶级宣扬的封建迷信和封建道德观念的影响，也"重殓厚葬"，甚至负债厚葬。否则，儿孙就要背上"不孝"的恶名。

据传汉武帝时的杨王孙反对厚葬之风，临终前他告诫儿子"布囊盛尸"，从俭"裸葬"。这使他的儿子陷入两难境地，遵从也不是，不遵从也不是，"欲默而不从，重废父命；欲从之心又不忍。"（见《汉书》卷六十七）最后，还是遵父命进行俭葬，"裸葬"其身。此举在当时引起惊世骇俗的轰动。如果不是杨王孙力主此事，其子必定要被世人责为"逆子"。

虽然在古代也不乏反对奢葬之人，但丧葬礼仪仍是日趋复杂烦琐，铺张浪费之风也是愈演愈烈。随着佛教的"生死轮回""因果报应"观念深入人心，封建丧葬礼俗也变得更加烦琐。

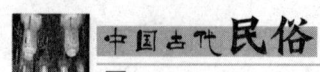

今天，我们"破千年旧俗，立一代新风"的丧葬习俗已经形成，礼仪烦琐的鄙俗陋习已得到根本改变。治丧肃穆而俭简，悼念形式变为对逝者的纪念、评价和对生者的教育活动。当然，旧的丧葬习俗在今天某些文明层次比较低的地方还没有绝迹，进一步根除落后习俗，形成文明社会习俗要靠全社会一起努力。我们今天了解古代传统丧葬风俗，也是为了更好地分辨哪些是陋习，哪些是可以存留的丧葬礼仪。

知识链接

五服制度

所谓五服，是指《仪礼·丧服》篇中所制定的五等丧服，由重至轻分别为斩衰、齐衰、大功、小功、缌麻，每一等都对应有一定的居丧时间。死者的亲属根据与死者关系亲疏远近的不同，而穿用不同规格的丧服，以示对死者的哀悼。

斩衰，最重的一等丧服，以最粗的生麻布做成，衣缘袖口皆不缝边，简陋粗恶，犹如刀割斧斩，故称斩衰。服斩衰者还须手握一根苴杖，俗称哭丧棒，竹制，高与胸齐，其意义有两重：一则是身份的象征，在传统丧礼中，只有孝子才用哭丧棒；二则是情绪的外化，痛失至亲，身心俱催，唯能以杖扶病。斩衰服丧三年（实为二十五个月），适用于臣为君，子为父，未嫁之女为父，已嫁复归之女为父，妻为夫，承重孙为祖父。

齐衰，次于斩衰一等丧服，亦以粗生麻布做成，但衣缘袖口皆缝边，稍显齐整，故称齐衰。齐衰按居丧期的长短和用杖与否又分为四等：

齐衰三年，即服丧三年，用杖。适用于父已先卒，子为母，未嫁之女为母。

齐衰杖期，即服丧一年，用杖。适用于父尚在世，子为母，未嫁之女为母，夫为妻。

齐衰不杖期，即服丧一年，不用杖。适用于为祖父母、伯叔父母、兄弟、未嫁之姐妹、已嫁之女为父母。

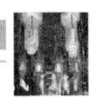

齐衰三月,即服丧三月,不用杖。适用于为曾祖父母、高祖父母。

大功,次于齐衰一等丧服,以熟麻布做成,较生麻布细密。服丧九月,不用杖。适用于为已嫁之姑母、堂兄弟、未嫁之堂姐妹。

小功,次于大功一等丧服,以熟麻布做成,较大功所用更为细密。服丧五月,不用杖。适用于从祖父母(祖父的兄弟及其妻)、堂伯叔父母(父亲的堂兄弟及其妻)、从祖兄弟(父亲的堂兄弟之子)、已嫁之堂姐妹,以及为外祖父母。

缌麻,最轻的一等丧服,以最细的熟麻布做成。服丧三月,不用杖。适用于为族曾祖父母、族祖父母、族父母,以及为外姓的舅父、姨母、表兄弟、岳父母等。

古代丧葬礼仪

在古代礼仪中,丧礼属于凶礼的范畴。其程序既严格又特别烦琐,且透露出浓厚的宗法等级观念和封建迷信色彩。

按古籍的记载,古代丧礼主要有如下一些程序。

哭丧礼:《礼记·丧大记》:"始卒,主人啼,兄弟哭,妇人哭踊。"哭是为了表达对死者离去的哀痛。但古人对哭也有礼仪上的不同规定。"主人啼",是因为主人是丧家的主事者,应当最哀痛,哀痛至极则欲哭无声,哭而无声谓之啼。且主人还要准备操持后事,也不能放声大哭而失去理智。"兄弟哭",哭而有声,表达的是兄弟间的情谊。"妇人哭踊。"妇人在此时要哭而不能啼,不只是哭,还要边哭边捶胸顿足,表示悲痛至极。"踊"在《说文·足部》中解释为"跳也"。

吊丧礼:家人痛哭过后,要安排凭吊活动。众亲友接到讣告后,应来吊丧。吊丧者要以亲疏等级划分,站立的位置与哭吊的方式都有一定的规矩。

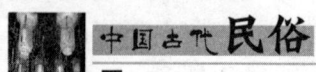

在吊丧礼仪中还有一种"奔丧"的礼规。也就是听到长者亲属逝去的消息，不论远近，都要从外地赶回来。《礼记·奔丧》说："奔丧者，以其居他国，闻丧奔归之礼。"

小敛礼：小敛为次日的重要仪式。主要是为逝者穿寿衣。穿好之后，要在堂上以酒食祭奠，奠时主人主妇也要哭踊。小敛礼这一夜，厅堂中的灯火必须彻夜不熄。

大敛礼：这是第三日的重要仪式，主要是入棺。将棺木和为逝者准备的一应物品陈列于堂上，众亲友一同进行大敛礼仪式，依旧要"哭踊"。

出殡礼：选定葬所后，在安葬前一日，要进行祭祖仪式。有祖庙的一般都将灵柩送移到祖庙中，并进行祭奠。在这之后，主人可接受亲友的送葬馈赠，馈赠的物品有束帛、钱财等。第二天，主人与宾客送灵柩到墓地，举行简单仪式后即下葬。葬礼要求棺木下穴时都不能哭。下棺之后，才大哭大踊，以表达悲痛的感情。

服丧礼：葬礼之后，要行守丧之礼，即"服丧"。服丧也是生者对逝者的一种孝敬、怀念方式，即为了哀念死者，应在家中守丧，不理外事。一般为

丧服

死者晚辈亲人行服孝之礼。据《礼记》记载，服丧三日之内不能进食，三月不能梳扮，三年不能欢娱，"非丧事不言"。当然实际执行中时间长短上也有松动余地。

这里所介绍的只是古代丧礼的主要程序，至于典籍中的详细记载，则要繁杂很多。比方，仅仅是丧服一项，就有五个级别和类型，不同辈份不同亲疏的人穿哪一种丧服，都有严格规定。五服制度是遵循亲亲、尊尊、长幼、男女有别的等级原则而定立的，同时也是注重血缘关系的一种表现。五服之内为一家的观念，对于中国古代宗法血缘制度的巩固非常有利。

总之，古代丧礼极其隆重而繁杂，人们对丧礼如此重视，一方面是封建统治者的大力倡导，另一方面也是封建宗法等级观念的影响。除此之外，对鬼神的敬畏和迷信也是不可忽视的一个原因。历史地看，古代的丧葬礼仪在相当程度上也是古人"孝"的观念的反映，带有古人"重人道"的思想。古人一贯提倡"生有所养，死有所葬"，"少有所依，老有所终"，认为死是生的一种延续，只重生而不重死，这在古人看来是不合人道的。荀子说："礼者，谨于治生死者也。生，人之始也；死，人之终也。终始俱善，人道毕矣。故君子敬始而慎终。终始如一，是君子之道，礼仪之文也。"荀子还说："事生，不忠厚，不敬文，谓之野；送死，不忠厚，不敬文，谓之瘠。君子贱野而羞瘠。"（《荀子·礼论》）所以，对生者要敬要厚，对死者也应要敬要厚，不能因为生者有知死者无知而薄待死者。做人应当敬事生而慎事死。生死是每一个人都要经历的始与终。"事生，饰始也；送死，饰终也"，终始生死都侍奉得无可挑剔，那样，"孝子之事毕矣，圣人之道备矣"。所以，在古人看来，丧礼的意义没有其他特别之处，就是为明生死大义，表述生者对逝者的哀敬之思。所以古代的丧礼往往比其他礼仪更为烦琐冗长。

用丧礼表示对死者的哀敬，寄托生者的哀思，合情合理，但古人通过仪仗规模，棺椁等级、敛衣丧服的规格称谓等严格区分人的尊卑等级地位，就具有封建等级制的成分了。而且对服丧之人行止的规定，也不利于人之身心健康，不利于社会工作的正常进行。而丧礼中的封建迷信色彩，就更应加以批判。但在古代丧葬礼仪中，也有一些值得我们吸收的礼节。比如，古人认为，"送死不及柩尸，吊生不及悲哀，非礼也。"（《荀子·大略》）去送葬不及时，或者悼念死者却又未表达应有的悲哀，这样是失礼的。古人所说的"吉行五十，奔丧百里"，就是强调丧葬一定不可不紧不慢，误了葬期，也是

缺乏肃敬之心。此外，人未死却赠送助丧之物，即使出于好心，也是非常失礼的。《左传·隐公元年》记，天子派大臣宰楥去给"未薨"的仲子送助葬之物，因而说，"豫（预）凶事，非礼也"。

另外，《礼记》记载的举行丧礼时必须做到的一些规定，也是我们应当注意的。《曲礼上》规定："邻有丧，舂不相；里有殡，不巷歌。适墓不歌，哭日不歌。""临丧则必有哀色。"还规定："适墓不登垄，临丧不笑。望柩不歌，入临不翔。"这是要求，邻家有丧，舂米时就不要伴歌（"相"），邻里有殡，就不要在巷道里高声而唱。除此而外，到了墓地，或在葬礼期间，以及看见棺柩，都不能放声歌唱。而在墓地登上人家坟顶，或举丧中不哀而笑，进入丧家走路轻快舒展，也都是丧礼所不允许的。《礼记》还规定，举丧期间，人们应当"颜色称其情，戚容称其服"（《杂记下》）。脸色表情要同悲哀的心情相称，哀痛的面孔应当与丧服相一致。这些礼节，都是我们在今天参加葬礼时所应具备的基本礼节。我们未必要学古人着丧服时讲究"五服"，但参加葬礼时还是穿深暗正规服装为好。表现哀情也不一定非得捶胸顿足（"辟踊"），但容色表情必须肃穆哀敬。穿着色彩鲜艳的奇服异饰，高兴愉快地去参加葬礼，是缺乏应有教养且非常失礼的举动。

丧葬的几种形式

上述葬礼程序主要是以土葬形式为根据。除了土葬外，还有若干不同形式的葬俗。根据《南史·扶南国传》记载："死者有四葬：水葬则投之江流，火葬则焚为灰烬，土葬则瘗埋之，鸟葬则弃于中野。"

悬棺葬

土葬多为汉民族普遍采取的葬式。这可能与汉民族世代农耕相关。土地是生命之本源的观念，使人们认为将逝者身体深埋于土中是使灵魂得以安息的最好方法。

火葬是将逝者身体用火焚化的方式。火葬在我国古代也由来已久。最早始于原始社会，多见于边远地域的部落中。随着民族生产生活方式的变化,尤其是在外来佛教文化的影响和渗透下,人们的观念也随之变化,火葬也就渐渐在一些地方推行开来。佛教有死后焚身的传统,唐宋两代时,佛教比较盛行,人们的丧葬观念也受到影响。火葬的习俗开始从僧徒流传到民间。据《宋史·礼志》记载,河东地区即大约现在的山西地区,因地狭而人口多,所以亲人死后,多采用焚烧的葬俗。而江南水乡由于水多地少,火葬风俗也很普遍。据记载:"浙右水乡风俗,人死,虽富有力者,不办蕞尔之土以安厝,亦致焚如僧。"根据《马可·波罗游记》的记载,也可看到中国北至宁夏、西至四川、东达山东、南及浙江的广大地区实行火葬的情景。

然而火葬在封建统治者官方律令中是被禁止的。元朝的《元典章》、明朝的《大明律·礼律》以及后来的清律中,都有严禁火葬的规定。正因为如此,火葬形式到了明、清时代逐渐衰落。

水葬:水葬多为古代聚居于山泽水畔的少数民族的葬俗。这些民族世代以水为生,和耕农不一样,视江河湖泊为生命的源泉与归宿。水葬在举行简单仪式后,多从江河急流处将逝者身体投入水中。大概是由于人们渐渐感觉到这样做污染河水,妨碍沿岸人们饮用,水葬在江河沿岸一带才逐渐被舍弃。但在海边生活的一些人们仍有实行水葬的风俗。

天葬:天葬也有称鸟葬、野葬的。是将逝者遗体置于鸟类出没之地,让猛禽啄食,并以是否被啄食干净来判断逝者是否进入天堂。这种葬式主要流行在以游牧为主的少数民族地区。他们认为神鹰猛禽能够帮助逝者进入天堂。

风葬:风葬也称树葬,是天葬的一种演变形式,在我国东北地区的鄂温克族和鄂伦春族盛行。早期多以柳条,近代多以松木板或圆木掏空为棺,包上桦树皮、芦苇等,在林间选择几棵高大松树,在离地面2米处截断为桩,桩上架以横木,将尸体安放于上面,任其自然腐烂。持这种葬法的人认为,死者受日光照射和风吹雨打,会变成天上的星星,为人间带来光明。

悬棺葬:悬棺葬流行于我国福建、云南、四川、贵州等地的少数民族中,是将逝者遗体放于棺内,再置于悬崖上风化。棺材一般放于天然岩面、岩洞、岩缝内,距离地面低的有二十多米,高的有一百多米。据说福建悬棺葬年代约在夏代之前,距今已有三千多年,历史最为久远。当今四川省珙县麻糖坎保存悬棺遗迹最多。这种悬棺方法,至今仍属不解之谜。据猜测散布在绝壁上的悬棺,表达了人们对逝者的崇拜与捍卫。

土葬、火葬、水葬、天葬、风葬、悬棺葬等葬俗随着时代的发展,有的已经绝迹，有的只能作为远古文化的残余了，有的虽存在着，但形式也发生了巨大变化。

知识链接

古代五服制度的三大特点

五服明显是父权制下的产物，一切规制皆以男子为中心，表现出三大特点：

一、父母有别：父亲方面的父党为宗亲，母亲方面的母党为外亲。在父权社会中，只重宗亲而不重外亲。宗亲方面，上至高祖下至玄孙，直系旁系，无不有服；外亲方面，却只对外祖父母、舅父、姨母、表兄弟有服，且等级要低得多。如为祖父母是齐衰不杖期，为外祖父母仅是小功；为伯叔父母亦为齐衰不杖期，为舅父、姨母仅为缌麻。

二、亲疏有别：五服偏重父系，其轻重也主要用以体现父系宗亲之间的亲疏远近。血缘越近的服制越重，反之则堪虞轻。如同父兄弟重于同祖的从父兄弟，从父兄弟重于同曾祖的从祖兄弟，从祖兄弟重于同高祖的族兄弟。出了五服，便只有同姓之亲，已无须为之服丧。

三、男女有别：五服所体现出的男女不平等十分明显。如父母俱为生身之亲，为父是斩衰三年，为母是齐衰三年，若父尚在世，则只能为母服齐衰杖期。又如夫妻之间，妻为夫服最重之丧斩衰三年，夫为妻则只服齐衰杖期。

第三章

古代服饰民俗

　　中国古代，宫廷服饰、官员服饰、民间服饰与妇女服饰，形式多样，种类繁复，因时而异。这些服饰所蕴含的文化特性、显现的文化品质，是中国古代服饰文化宝库中的珍品，成为历代民间世象百态中最具特色、最为生动、最有影响、最显活力的重要组成部分，并予后世深远影响。

第一节
古代服饰概论

古代衣服的起源

关于人类衣服的最初式样，一般理解是：先把一块完整的兽皮披在肩背部或者围系在下身。后来，人们把兽皮中央穿一个洞，或者在一边切割出一个凹口，套在脖子上，或者披于肩，这就是最早的所谓"套头衫"和披风斗篷。今天，在一些少数民族地区，还经常可以看到这一类的衣服式样。人类最初是以皮毛等饰物先围腹下，并且掩蔽其后，进而将前后两片用骨针相连缀缝合起来，成为最早的"裙子"。比如，在中国的黔西和滇北彝族地区，习惯穿用一张整羊皮做的"羊皮褂"，以羊腿部的皮当作系衣的纽带，冬季毛朝里，夏季毛朝外。比如，纳西族的羊皮披肩，是将一块方羊皮用绳子拴在身上，用来昼披夜卧，晴雨寒暑未始离身。我国南方一些少数民族妇女的"筒裙"，可以说是保留了古代"裙子"的民间遗风。一般来看，上身有衣，下身有裳的衣裳制度，大致形成有五千多年的历史。

史籍《禹贡》里面有关于"贡丝"的记载。甲骨文里面也有关于叠蚕、衣裳、帛缎等象形文字

古代服饰

的记录。由于衣裳形制既备，于是帽子、发饰和鞋袜等饰物便相继产生了。依据《后汉书·舆服志》里面记载："上古衣毛而冒皮。"《释名》当中也有云："帽，冒也。"典籍《尚书大传》还有记载："成王问周公曰：'舜之冠何如焉？'周公回曰：'古之人有冒皮而勾领者。'"这里的帽就是"头衣"和"首服"。生活中是先有帽而后有冠。早在仰韶文化和龙山文化遗址中出土的有陶笄、骨笄、骨簪等，说明这一历史时期已经有了束发甚至戴冠的头饰。应当说，帽子的产生起源于防暑御寒的生活需要。人们把一大片树叶盖在头顶遮日，也可用来防雨，把一块皮毛包在头上是为了防冻，这些都可能是"帽子"最初的来源。

关于鞋子，史籍《世本》当中记载："于则作屦履。"从保护脚的需要方面来看，鞋应当首先创造于北方寒冷地区。《释名》里面写道："齐人谓韦履曰屦。屦称皮也。以皮作之。"南方民族多以草或麻编织成鞋。桂馥的《滇游续笔·麻竹》里面说："云南土人破麻绳作履谓之麻竹。"

随着社会生产力的发展，出现了阶级和等级的差别，这种差别随之在服饰上面也明显反映出来。典籍《商书·太甲》中记载："伊尹以冕服奉嗣王归于毫。"说明一些礼节对于服饰已有了相应要求。周代关于服饰的文字记载已渐渐多了起来。西周毛公鼎铭文中有所谓"虎冕练里"和"易女兹弁"等记述。周代后期封建制度初兴时期，服饰上的等级区分走向系统化，比如，冕服制度当中这时已有六冕，弁服当中已经分为三弁。而且在《礼记》《周记》《仪礼》等书中，关于服饰制度的记叙更多由简到繁，不同等级在不同场合，要穿着不同的服饰，还要有不同的打扮。

古代饰品的起源

一般来说，装饰品的起源应当晚于服装，装饰品最早始见于旧石器时代晚期。史典《后汉书·舆服志》当中这样说道：相传原始人，"见鸟兽有冠角髯胡之制，遂作冠冕、缨、蕤，以为首饰"。山顶洞人除以石珠、海蚶壳为装饰品外，也以兽牙、鱼骨和骨管装饰自己。这些东西最初只是作为勇敢灵巧和有力的标记而佩戴的。到了后来，也正是由于这些勇敢灵巧和有力的标记，开始引起审美感觉，归入装饰品范围。在大汶口文化遗址出土的文物当中，有许多骨制装饰品，而且还有梳理头发的镂空漩纹梳。在商代的遗址当中，

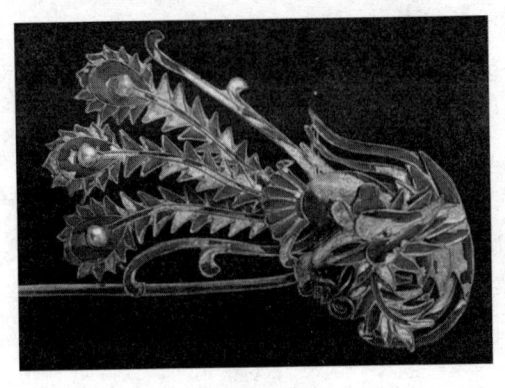

古代首饰

出土的有玉佩、铜饰等饰品。周代遗址中出土的玉佩、玉环、玉璜、圭、璋、璧、耳坠、项饰、笄、梳等用于装饰的东西更多一些,而且能够看出其明显的等级区分。商代玉饰和象牙笄骨雕琢与造型工艺方面已经相当精美。

除了服装和头部发饰之外,人类出现比较早的装饰物还有耳饰、项饰、戒指和手镯等。在甘肃陇南地区礼县的仰韶文化陶人像上,两耳的耳垂有孔,以便拴系饰物耳饰,说明了耳孔历史由来已久。今天独龙族人在耳孔上系木环,傣族在耳孔中塞细竹管或者筒状饰物。凉山彝族妇女耳孔双穿,男子则穿一耳,吊系彩线,坠玉石珠。这些都可看作古代遗风。

项饰古代多为玉石、兽骨、兽牙穿成的项链,后来才渐有金属的项圈。

发型式样很多,大致的演变过程应是先有披发,比如《后汉书·西羌传》里面所说的羌人"披发覆面"。后来,出现了结发,包括打一结式、梳髻束带式和螺髻发式等。比如南方一些少数民族的"断发文身"也就是"披发"。西北地区比较流行编发,而中原地区普遍束有发髻。

身体上面的现代纹饰比较常见的有绞面汗毛,拔除胡须和体毛,文身以及文面美饰,还有"缺齿"又叫作"凿齿",以及穿耳束腰腹等风俗。所谓的面饰,其中一部分作用是为了美容或者吸引异性。也有的是为了表现勇武,对痛苦有顽强的忍耐力。文身与文面的最初起因是多方面的。比如原始宗教信仰、图腾崇拜、避邪妨害,还有为了区别于其他部落等。《后汉书·南蛮传》记载说过:"哀牢夷种人皆刻画其身,象龙文。"我国台湾高山族的一些支系在半个多世纪以前还保留有缺齿(拔掉犬齿)、束腹、拔除体毛、文身、文面、在手腕上烧伤结疤等民风习俗。西南地区的傣族、布朗族、基诺族男性也比较讲究文身。至于独龙族、黎族的文面只是限于一部分女性。彝族等少数民族还有拔除胡须的风俗习惯。高山族当中的曹、鲁凯、卑南,以及一部分阿美等支系的男性,自从少年时候起,直至五六十岁都要以厚竹片束系腰腹,有的还用藤皮编成束腹带,昼夜不解用来使胸部和腿部肌肉发达。

知识链接

清朝的"顶戴花翎"

清朝是由满族贵族用武力征服汉族后建立的，在他们统治天下后，虽然废弃了延续几千年的汉族衣冠，但仍然将冠帽作为区别官阶的重要标志，所谓"顶戴花翎"最有特点。

"顶"指清朝官员冠帽上的顶子，顶子是区别官阶品级的重要标识，分朝冠用及吉服冠用两种。朝冠顶子共有三层：上为尖形宝石，中为球形宝珠，下为金属底座。吉服冠顶则少尖形宝石，底座或用金，或用银，上面镂刻花纹。在底座、帽子及顶珠的中心，都钻有一个直径5毫米的圆孔，从帽子的底部伸出一根钢管，然后将红缨、铜管及顶珠穿连，再用螺纹小帽旋紧。以顶珠的颜色和材料反映官阶品级，按照规定：一品官用红宝石；二品官用红珊瑚；三品官用蓝宝石；四品官用青金石；五品官用水晶；六品官用砗磲；七品官用素金；八品官用阴文镂花金；九品官用阳文镂花金。

比起顶珠，花翎更有特色。花翎是由孔雀尾的翎羽制成，所以也叫孔雀翎。花翎有单眼、双眼、三眼之分，所谓"眼"指的是孔雀翎上犹如人眼状的圆花纹，一个圆圈就是一眼，没有眼的叫蓝翎。

清官冠帽上的花翎最富有"辨等威，昭品秩"的意味，它以翎眼的多少标识等级。据《清史稿·礼志》和《清会典事例·礼部·冠服》记载：皇室成员中爵位低于亲王、郡王、贝勒的贝子和固伦额驸（皇后所生公主的丈夫），有资格享戴三眼花翎；清宗室和藩部中被封为镇国公或辅国公的贵族，还有和硕额驸（妃嫔所生公主的丈夫），戴双眼孔雀翎；五品以上，在皇宫任职的内大臣、前锋、护军各统领、参领（任职之人必须是满洲镶黄旗、正黄旗、正白旗出身），戴单眼孔雀翎。五品以下戴无眼蓝翎，并非孔雀翎，而是以染成蓝色的鹖鸟的羽毛做成，乃是借用汉代鹖冠之意。五品以下在皇宫王府服务的侍卫官员享戴蓝翎，地位较低而建立了功勋的军官有时也能得到戴蓝翎的赏赐。

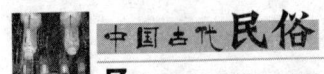

按上面的规定，只有内臣可戴花翎，而在京城之外任职的文臣武官均无此待遇。即使是按出身可以戴花翎的王公贵族也不是生下来就可戴用，而是要在10岁时，经过必要的骑、射两项考试，合格者才具备资格，这是清朝尚武风气犹存的表现，只是后来渐渐废弃不用。可见，清初对花翎尤为重视。

古代服饰的分类

按照不同的标准可对服饰划分出许多不同的类别。一般来说，把服饰分解为服装和装饰品两大类。也可以说，是以穿着作为基本的标准。能够穿着的基本是衣服鞋帽一类；不能穿着的基本上是独立前者之外的佩戴装饰物品。

服饰可以按地区来划分，这实际上是以地方气候等自然条件为标准的。气候环境造成了服饰的差异。

服饰可以民族成分进行划分。我国有55个已经被国家确认的少数民族，这样的一个大家庭里面，可能还有一些亟待识别的其他少数民族，还有一些少数民族有不同的族群或支系，他们在服饰上表现出多姿多彩的风貌，甚至使一些专门研究文化的人都眼花缭乱。

服饰可以年龄和性别来划分。各民族的婴儿、儿童、青年、老年、男女以及是否成年与婚嫁，在服装服饰上都有相应的差别。

按服饰的制作材料来划分，常见的有皮毛、毛织、棉布。有一些是经过印染后做衣料，如麻、丝绸、皮革。首饰中有金、银、铜、玉、石、玛瑙、珍珠等。

服饰按照不同历史时期划分，古代、近代、现代、当代，各时期各民族的服饰随着社会经济的发展、民族间的交流以及风俗的演变，都会反映出历史的印痕。

服饰按照不同的季节来划分，一般可以分为冬装夏装和春秋季装。

服饰按不同的社会职业来划分，最明显的是宗教职业者与世俗群众服饰的不同。还有就是曾经所谓的"工农商学军，官兵干群义"等社会群体之间的服饰差别。

服饰按不同的礼仪场所来划分，喜庆节日，男婚女嫁，宗教活动，丧葬生日，文艺表演，体育竞技等不同的场所与社会活动，都有不同的服饰。

服饰按照人身体不同部位穿着来划分，比如有帽子首饰类、上衣类、裙裤类、鞋袜类等。

能够以多种标准来给服饰分类，也是服饰具有丰富文化内涵的一个基本证明。

古代民族服饰

从地理概念的范围来说，服饰本身可以把我国56个民族大致上分为北方和南方两大部类。

1. 北方的民族服饰

北方民族服饰主要包括东北、华北和西北地区的民族服饰。其中少数民族有蒙古族、满族、藏族、朝鲜族、达斡尔族、鄂伦春族、鄂温克族、赫哲族、回族、锡伯族、维吾尔族、哈萨克族、柯尔克孜族、塔吉克族、塔塔尔族、乌孜别克族、俄罗斯族、裕固族、东乡族、保安族、土族、撒拉族等20多个。藏族在西北的甘青地区也有广泛分布，维吾尔族在湖南桃源也有一部分。至于回族、满族、蒙古族等更是遍布全中国。北方民族的服装以皮袍长裤为主要款式，冬装夏装有明显区别。冬装普遍使用毛皮，多

傣族服饰

穿靴子而少有刺绣和饰物为主要风格。这与北方牧渔猎业及冬季寒冷气候有关。

北方民族妇女穿裙子的有朝鲜族和新疆各民族，头饰较多的是蒙古族，服饰刺绣较多的是土族。牧业民族和渔猎民族重视用羊皮和名贵的动物毛皮做衣服、帽子或衣饰。朝鲜族妇女的衣裙式样独特，多将长裙束于胸际，飘逸洒脱；长袖灯笼袖口，短短的斜襟上衣，右衽以飘带系结为扣，显得饰者苗条利索。翘尖船形鞋便于劳作和进屋时方便脱去。西北维吾尔族的爱德丽丝绸，采用古老的扎结经纱染色法，色彩绚丽，淡雅醒目，图案别致，清爽亮丽，民族特色一目了然。

维吾尔族妇女外套绣花背心、男女都戴刺绣小花帽、男子领口和袖头绣花边的衬衣以及"袷袢"都很有特色。"袷袢"是一种对襟齐膝长袍，是新疆地区一些民族具有代表性的衣物样式。哈萨克族女帽上面的猫头鹰羽毛帽、塔吉克族和柯尔克孜族妇女用的银头饰和项饰，裕固族女帽子上的红缨络等，都是很有民族特色的装饰。在我国青海、云南、四川等地方，百姓的帽子以绸缎做面，以珍贵毛皮做里，圆顶筒状，后面下部有叉口有带，可以自由翻卷改变深浅，适应天气变化，很威风美观。藏靴种类亦多，皮底长勒软筒，翘尖，有丝线绣边和花纹，既御寒又轻便。藏族喜欢用珠宝、金银、铜玉、象牙、玛瑙等制作的各种首饰，佩戴在女性的头部、手脚、颈部、胸部和腰部等。

2. 南方的民族服饰

南方包括西南、东南和中南地区。少数民族有藏族、门巴族、珞巴族、羌族、彝族、白族、哈尼族、傣族、傈僳族、佤族、拉祜族、纳西族、景颇族、布朗族、阿昌族、普米族、怒族、德昂族、独龙族、基诺族、苗族、布依族、侗族、水族、仡佬族、壮族、瑶族、仫佬族、毛南族、京族、土家族、黎族、畲族、高山族等30多个。南方的民族服饰更加缤纷多样，单就女性来说，除了生活在高寒地带的民族外，女性服饰习惯上都是短上衣和裙子，普遍重视女服的刺绣装饰和首饰佩饰。其实，藏族除分布在西藏和甘青地区外，还分布于四川、云南的广大地区，因而服饰样式较多。

就普遍特点而言，南方男女服装大都是大襟袍式，左襟大，右襟小。服装的领、袖、襟和底边都镶有各色绸缎或珍贵毛皮。男装右襟腋下以飘带代替纽扣，女袍则钉铜、银等纽扣。藏袍一般长于身高，穿的时候腰间系绸带，从头顶退下袍领，腰间形成囊袋可放东西可兜孩子。这种肥大宽绰的皮袍主要流行于牧区。农区和城市女式藏袍，多以黑氆氇或各色哔叽呢制作，冬季窄长袖，夏季无袖，露出色彩鲜艳的绸衬衫袖子，腰前围一块毛织的彩色横条围裙，也叫作"帮典"，显得典雅端庄。藏族的帽子男女有别。帽子式样很多，在拉萨和日喀则地区多戴金花帽，是用金丝缎、金银丝带和氆氇毛皮精工制成。

南方少数民族妇女包头帕样式较多。畲族凤凰装很有特色。银首饰苗、侗民族复杂多样，有的一套银首饰就重达一二十斤，而且做工精巧。苗族、侗族、瑶族刺绣都很突出。侬族、苗族、土家族都有精湛的蜡染技艺。瑶族头饰形式有数十种，而且各种头饰风格迥异，美轮美奂。有尖顶高耸的，有雍容华贵的，有简朴美观的，有铺张如盖的，有包头遮发的，有绣帕盖顶的，有银板高翘的，还有羽毛装饰的，绚丽多姿。奇特的广西融水"花瑶"男子头饰银花，闪亮犹如王冠。瑶族女装衣领多为华丽的宽花边镶成，佩上带有红绒球和红缀穗的串珠及金属胸花，传统美和现代美非常和谐地融为一体，具有超凡的审美情趣。

由于南方少数民族比北方多，生活环境、自然条件和经济形态多样化，因而表现在服饰上就更加丰富多彩。南方少数民族妇女大多穿裙子，裙子的款式差别很大。有百褶裙、筒裙；有短及膝的，有长至地的；有单色的，有彩色的；有各色分段拼接的，有印花绣边和花带镶边的。苗族、布依族和部分壮族妇女的百褶裙，长者曳地，短者及膝。布依族和凉山彝族妇女的裙子分节。彝族的裙子色彩丰富鲜明。滇南少数民族穿筒裙较普遍，一种是将宽大的上端折于腰部系腰带，另一种是将近两米的独幅裙片围缠于腰，末端掖在腰际。西双版纳和瑞丽一带的傣族妇女穿花筒裙，裙长

苗族服饰

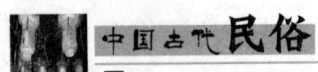

及踝。德宏地区傣族已婚妇女多穿长至膝下的黑筒裙。海南黎族的花筒裙以黑红绿三色为主调，一般都短在膝上。拉祜族、景颇族、侗族等族妇女还扎护腿，有的用毛织品制作，有的绣有花纹图案。白族、纳西族、羌族、普米族等族妇女多穿大襟长袍。

　　西南白族妇女上衣色彩素雅，配以各色坎肩和围腰，加上彩绣带穗的头饰，色调清新鲜亮。傣族妇女的上衣紧身、窄袖短小与紧围长筒裙相搭配，显得婀娜多姿。南方少数民族妇女服饰另一鲜明特点是，除头部和颈部的首饰之外，腰部和脚脖上也有不少佩饰。珞巴族、傣族、佤族、德昂族等族的妇女腰间佩带有漂亮的银饰。高山族和黎族妇女也有脚饰。

　　苗族、侗族、壮族、布依族、瑶族、傣族、景颇族、仡佬族、仫佬族、土家族、黎族男子多穿青蓝色、白色等上衣，高山族和佤族的男子喜用红缠头巾包头并且插饰野雉毛。贵州苗族小伙子在节日里跳芦笙时，头戴野雉毛装饰的帽子为最美。景颇族和白族男子则多包白色头帕，在头帕一端缀饰有红缨绒球。傈僳族、怒族、独龙族、佤族、普米族、藏族、门巴族、珞巴族男子还多带长短不一的佩刀，刀柄与刀鞘都装饰得精美不凡。

第二节
古代服饰文化

千年不变的龙袍

　　既然是"真龙天子"，不仅要有不同于凡人的形象，还得有龙廷、龙座、龙床、龙袍等超越常人的配套设施。中国从奴隶社会到封建社会几千年，有关皇帝的一套礼仪模式延续不变。就连终止了中国两千多年冠服制度的清朝，虽然坚守本民族的服饰，但皇帝的服饰仍然采取了十二章纹饰的"传统式样"。这说明中华民族对皇帝形象的认识已经形成了一个固定的形象模式。

文武百官的制服

定陵出土缂丝十二章衮服

在西周时，百官服饰就已经有了严格的等级差别，不同的官职品位对应不同种类形制的官服。《周礼·司服》对此有详细规定："上公的服制，自衮冕以下和王者的衣服相同；侯伯的服制，自鷩冕以下和上公的衣服相同；子男的服制，自毳冕以下和侯伯的相同；孤卿的服制，自希冕以下和子男的相同；卿大夫的服制，自玄冕以下和孤卿的相同，丧服加大功和小功；士的服制，自皮弁以下，和大夫的衣服相同，丧服也是一样。"

秦汉以后，百官服制日趋烦琐，至隋唐大致完备。其中官服颜色最可体现官职品位的高低，服色甚至成为官职的代名词。

清代文一品官补子——仙鹤

官服分颜色从唐朝开始：三品以上紫袍，佩金鱼袋；五品以上绯袍，佩银鱼袋；六品以下绿袍，无鱼袋。官吏有职务高而品级低的，仍按照原品服色。如任宰相而不到三品的，其官衔中必带"赐紫金鱼袋"的字样；州的长官刺史，亦不拘品级，都穿绯袍。以后又进一步确定：文武官员三品以上穿紫色官服，四品穿深绯色，五品穿浅绯色，六品穿深绿色，七品穿浅绿色，八品穿深青色，九品穿浅青色。这种服色制度，到清代被废除，只在帽顶及补服上分别品级。

朱元璋建立了明朝后，官员的服

饰制度达到了最完备、最繁缛的地步。明代给每级官员都设计了一种动物图案做标志，把它绣在两块正方形的绵缎上，官员常服的前胸后背各缀一块，这种就是补子，这种官服就叫补服。据《明会典》记载，洪武二十四年（1391年）规定，补子图案：公、侯、驸马、伯爵：麒麟、白泽；文官绣禽，以示文明：一品仙鹤，二品锦鸡，三品孔雀，四品云雁，五品白鹇，六品鹭鸶，七品鸂鶒，八品黄鹂，九品鹌鹑；武官绣兽，以示威猛：一品、二品狮子，三品、四品虎豹，五品熊罴，六品、七品彪，八品犀牛，九品海马；杂职：练鹊；风宪官：獬豸。除此之外，还有补子图案为蟒、斗牛等题材的，应归属于明代的"赐服"类。

清代官服原则上都是蓝色，只在庆典时可用绛色；外褂在平时都是红青色，素服时：改用黑色。

清规定禁穿明代衣冠（汉人服饰）但明代的补子为清代继续沿用，图案内容大体一致，各品级略有区别，通常是，文官：一品鹤，二品锦鸡、三品孔雀，四品雁，五品白鹇，六品鹭鸶，七品鸂鶒，八品鹌鹑，九品练雀；武官：一品麒麟，二品狮，三品豹，四品虎，五品熊，六品彪，七品、八品犀牛，九品海马。另外，御史与谏官均为獬豸。

明清官员所用补子都是以方补的形式出现的，与明代相比，清代的补子相对较小，前后成对，但前片一般是对开的，后片则一整片，主要原因是清代补服为外褂，形制是对襟的原因。一般清代官服以顶戴花翎显示其不同的身份和地位。官服中的礼冠名目繁多，有朝冠、吉服冠、常服冠、行冠、雨冠等。男子的服饰以长袍马褂最为流行。

知识链接

称岳父为"泰山"的由来

今人又称岳父为"泰山"，却不知"泰山"一词的源起也同官服颜色有关。据唐人段成式《酉阳杂俎》中记载：唐玄宗李隆基于开元十四年（726年）到泰山举行祭拜天地的大典，丞相张说担任封禅使，顺便把他的女婿郑镒也带去了。按照旧例，随皇帝参加封禅后，丞相以下官员可以升一级，郑镒本为九品官，张说利用职权，一下子便把他的乘龙快婿连升四级，升作五品。唐代八品、九品官穿浅青色或青色官服，五品官穿浅绯色官服。唐玄宗在宴会上看到郑镒的官服突然换了颜色，诧异地问他缘故，郑镒支支吾吾，尴尬地不知如何回答。此时，玄宗身边那位擅长讽刺滑稽的宫廷艺人黄幡绰替他回答说："此泰山之力也！"妙语双关，唐玄宗心照不宣，此事才算蒙混过关。

古代官员佩饰

在人类拥有第一件衣服之前，恐怕就有了第一串项链，这些用兽齿、鱼骨、贝壳、石块穿起来的项链，使人类形成了最早的装饰观念。

当然，远古人类佩戴饰物，并不仅仅是为了装饰，它更多的是勇敢的象征、光荣的标志，也或许是避邪的镇物、信心的寄托，甚至是狩猎或捕鱼丰收的庆贺。

随着人类的进化和文明的起源，佩饰渐渐地由习惯向规范方面变化，逐步地分为"德佩"和"事佩"两大类。前者指佩玉，后者指佩手巾、小刀、钻火石等生活用品。古人对佩玉非常重视，玉也因此成了最重要的佩饰，究其原因，在于古人赋予玉以一种神秘的道德色彩。

1. 佩玉

玉器最早出现于七八千年之前。玉作为非实用性的生产工具和专用礼仪制品，标志着以等级为核心的礼制的开始，象征着持有者的特殊权力和身份。

在古代，佩玉是一种礼仪，更是身份的显示。

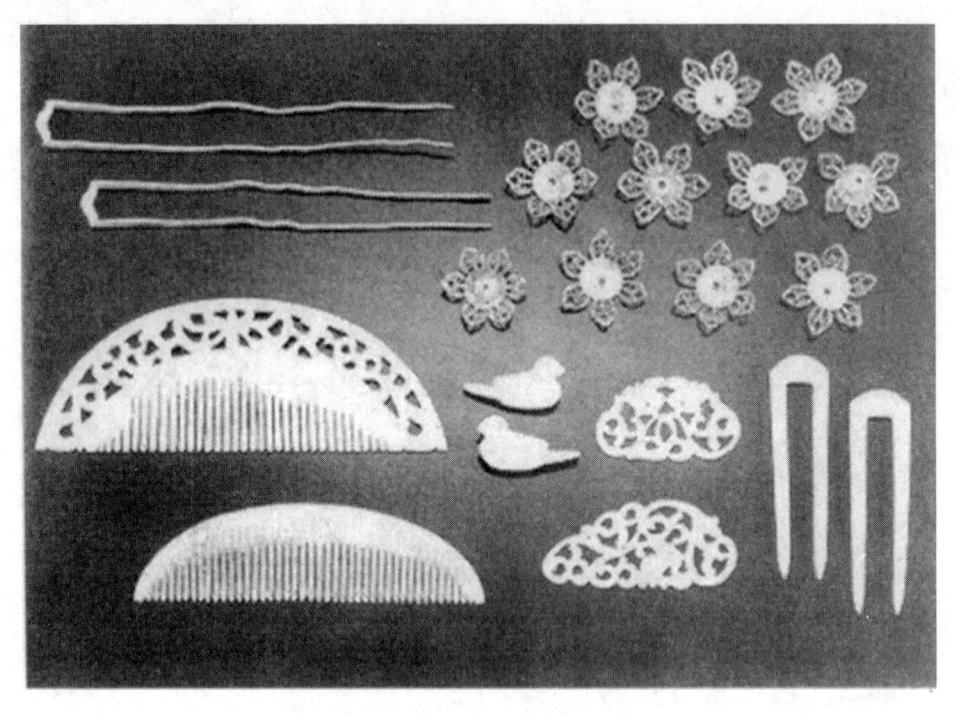

白玉、金发饰（反山良渚文化墓地出土）

西周时统治者即对贵族百官士人的佩玉作了严格的规定。《礼记·玉藻》专门记述各种佩玉礼制：君子必须佩玉，行动起来可以发出悦耳的叮咚声；凡是衣外系带，带上必有佩玉；无故不得摘去佩玉。古代佩玉的方式，是在外衣腰的两侧各佩一套。每套佩玉都用丝线穿联，上端是"珩"（衡），这是一种弧形的玉；珩的两端各悬着一枚"璜"，这是半圆形的玉；中间缀有两片玉，叫"琚"和"璃"；两璜之间悬着一枚玉，叫"冲牙"。走起路来，冲牙与两璜相撞击，发出有节奏的叮咚之声，铿锵悦耳。玉声一乱，说明走路人乱了节奏，有失礼仪。

以佩玉显示佩玉者的身份和地位，在《礼记·玉藻》中也有详细规定：皇帝佩戴用玄色素色丝绳穿联的白玉，公侯佩戴用红色丝绳穿联的山玄玉，大夫佩戴用素色丝绳穿联的水苍玉，世子佩戴文杂色丝绳穿联的瑜玉，士人佩戴赤黄丝绳穿联的孺玟玉。可见，是用佩玉的质地和穿玉丝绳的颜色来辨识等级。

2. 笏板

笏是百官朝见皇帝时所执的手板，用于记事。大臣执笏向天子奏事，入朝前后则将笏插在朝服的大带上。笏的用处、因官阶大小而异的质地、形制早在周代时就有严格规定。周代时不但百官朝见皇帝要执笏，儿子事奉父母也要执笏。《礼记·内则》中规定：公鸡鸣啼、天亮晨起后，儿子要戴冠穿衣，将笏插入腰带中，去拜见父母。父母若有吩咐，即刻记在笏上，以免过时遗忘。作为一种礼仪，虽然事奉的对象不同，但实质是相同的。

汉以后，"笏"礼更重，也被称作"手板"。谒见长官时，下属也要求执板，表示尊敬。晋见上官时，不许垂臂执板，必须双手执板至鼻间高度，毕恭毕敬地做鞠躬状，这才合乎上尊下卑的礼仪，否则，就有丢官的危险。

笏

3. 佩印

官吏佩印，始于战国，止于隋唐。周朝官吏只有符节不见官印，而战国时为六国之相的苏秦曾佩六国相印，天子也常常佩印。至汉朝时，佩印成为制度，官印实际上已经成为权力的象征和身份的标志。汉代皇帝都身佩天子之玺，作为帝王权力的象征。百官也要佩印，而且官职一旦任免须即刻交印。

按照制度，官印必须随身携带，印章装在皮制的鞶囊里，然后悬挂在腰间的绶带上，因此又称佩印绶。印绶是汉代官服上区别官阶高低的一个重要标志：诸侯王是金玺绿绶；相国和丞相先是金印紫绶，以后也改为绿绶；太师、太保、太傅、太尉及左右将军俱是金印紫绶；御史大夫是银印青绶；俸禄二千石以下、

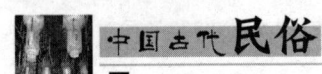

六百石以上的官员用铜印黑绶；六百石以下、二百石以上的官员用铜印黄绶。绶带不仅在颜色上因官有别，而且在编织的稀密上也因职而异。

4. 佩鱼

前面提到，唐宋时，除以官服颜色辨识官阶品位高低外，"佩鱼"也是重要的辨识标志。唐时，凡五品以上官员盛放鱼符，都发给鱼袋，以便系佩在腰间。宋时不用鱼符，只留鱼袋。宋时官服也承袭唐制，不同品位以不同服色区别。凡服色为紫色或绯色者，都要加佩鱼袋，鱼袋上用金或银饰为鱼形。

知识链接

朝珠

清代官服中的朝珠也很有特色。这是清代品官悬于胸前的饰物，形制同于念珠，其数一百零八粒，以珊瑚、琥珀等物加工而成。凡文官五品、武官四品以上及京堂、军机处、翰詹、科道、侍卫、礼部、国子监、太常寺、光禄寺、鸿胪寺所属官员，都可佩戴。妇女悬挂朝珠者必须是公主福晋以下五品官命妇以上。除此之外，只有乾隆时特别恩准翰林官可以戴朝珠。朝珠既是官服标志，又是贵族官僚的奢侈品，一挂朝珠就值几千两银子，甚至值万两银子。并且朝珠还有标志官员就职于某些部门的作用，像内廷行走人员就不分等级都可佩戴。

古代命妇服饰

所谓命妇，是指受到封建王朝诰封的古代皇室及百官贵族妇女。按照封建制度的规定，丈夫为官，夫人即为"命妇"，而命妇自有一套服饰，必须按规定穿着装扮。

按《周礼·天官疏》载："命妇有内外之分：内命妇即三夫人以下，古代天子，后立六宫，三夫人，九嫔，二十七世妇，八十一御女。三夫人亦分主六宫之事，三夫人以下则如九嫔等；外命妇如三公夫人、孤、卿、大夫之妻即是。"

古代命妇的服饰在历朝的服饰制度中都有详尽规定。周朝时宫内设有"内司服"一职，专门掌理王后的衣服以及辨别内外命妇的服色。凡有祭祀和招待宾客，负责供应王后和九嫔世妇内外命妇等贵族妇女应当穿着的衣服。

纵览历朝的命妇服饰制度，可以看出两大特点：一是内命妇服饰以皇后为尊。依照嫔妃与皇帝本人的亲疏远近关系按等级顺序变化，她们与皇后相比，都必须显示出等而下之的尊卑之分；二是外命妇服饰也按品阶等级变化，而且变化远比内命妇服饰复杂。汉代时佩不同绶带。魏晋南北朝后，衣料、首饰、花冠、发型、式样、衣色、绣纹、图案，分出等级秩序。清代命妇服制定得直截了当，简明扼要：命妇服饰各依其夫。另有金约、领约、采帨、朝裙、朝珠等制度，各按其品。内外命妇根据其夫及子之品受封，不同封号标志不同的品位，而不同的品位又穿着具有严格规定的服饰。

特殊的商人服饰

商人自古以来都是一个十分特殊的阶层，他们的服饰特征总在阶级差别的鲜明界线边游移不定，时贵时贱，时而华丽时而简朴，时而受朝廷禁令限制，时而又无视等级有所僭越，其根本原因还在于统治者"重农抑商"的政策的推行。"无商不奸"是古人心目中根深蒂固的一个观念。汉代统治者对商人就采取抑制的态度，汉高祖刘邦最坚决。他大力推行重农抑商政策，下令商人不准穿锦绣等织品，并要商人缴很重的税，以促使流民归附土地。此后历代王朝都有禁令，严厉地将商人的穿戴限制在平民庶人的服饰之内。明太祖朱元璋甚至下令："农衣绸、纱、绢、布。商贾上衣绢、布。农家有一人为商贾者，亦不得衣绸、纱。"从法令上看，商人的地位甚至还不如农民。

可是，社会上的事又常常不以统治者的意愿为转移，政策一松，法制禁令就没有了约束力，商人立刻衣饰华丽，宝马金车，挥金如土。所以，历朝多有大臣屡屡上奏皇帝，说商人衣饰奢侈，僭越等级，要求严厉惩处，以正

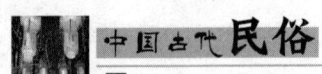

礼法。到了清末，商人可以用钱捐个官当，这也就表示了统治阶层对商人的一种妥协，一种无可奈何的默认。

古代鞋制的演变

古代的鞋有屦、履、舄、屩、屐、鞋等名称。鞋履二字都出现得较晚。履即屦，分别用草、麻、皮制成，战国以前，"皆言屦，不言履"。直到战国之后，屦才通称为履。鞋字出现得更晚些，最早见于南朝梁顾野王的《玉篇》，是鞵的异体字。

周代时，随着国家政体与服饰制度的建立，人的衣饰不但逐步规范化，而且正式纳入礼仪的范畴。周朝廷就专门设有名为"屦人"的官职，他的职责就是掌理国王和王后各种衣服颜色所应配穿的鞋子，制作赤舄、黑舄、素屦、葛屦以及舄屦上的装饰，辨别外内命妇的命屦、功屦、散屦，凡四时的祭祀，各按照尊卑等级穿着礼仪规定穿着的鞋子。

舄为双底鞋，以革为底，以木为重底，类似今天的胶底鞋，可以走湿泥地而不透水。不过，鞋面多用绸缎制成。诸履之中，舄是最为尊贵的，它是专用于同朝服、祭服相配的。周天子的舄分三种颜色：白、黑、赤。赤舄最为尊贵，因为"赤者盛阳之色，表阳明之义"。皇后的舄也有三种颜色：赤、青、元。其中以元色为最为尊贵，因为"元者正阴之色，表幽音之义"。所以，在礼节最隆重的场合，天子穿赤舄，皇后穿元舄。以此类推，什么时候，什么场合，什么人，应该穿什么鞋，均有一整套严格的穿鞋规矩。

知识链接

登堂入室脱鞋袜

周代凡登堂入室，都必须把鞋子脱在户外。这不仅同古人席地而坐有关，而且与礼节有关。大臣见君主，不但要脱鞋，而且还要脱袜。古代称袜为"襪"。《左传·哀公二十五年》载：卫侯一次与大臣们饮酒，褚师声子穿袜进屋入席，卫侯见状大怒，认为褚师有意不敬，喝骂道："如此无礼者，将断其足！"褚师赶忙解释说："我们的脚上生了东西，烂得厉害，恐怕您看见了会呕吐，所以不敢脱袜。"《吕氏春秋》载：齐王生病，派使者去宋国请文挚，文挚到后，没有脱鞋就到床边询问齐王的病况，齐王大怒而起，扬言要将文挚生烹活煮。可见，不脱鞋袜入堂拜见尊者，是非常失礼的举止。

到了汉朝，脱下鞋袜赤脚入朝上殿虽不见明文规定，但汉高祖刘邦给予丞相萧何的一个特殊待遇就是"特命剑履上殿"。也就是说，辅佐刘邦打下天下的萧何被皇帝特许为可以佩剑穿鞋上殿朝见。这样看来，其他大臣上殿是必须解剑脱鞋以示敬意。汉末魏国的曹操也曾下令，进祠上殿都必须脱鞋。这在相当长的一段历史时期内成为人们的习惯礼节。尤其是在祭祀先祖、拜见尊长时必须遵循古礼。一直到了唐代，这一习俗才逐渐改变。除祭祀活动外，大臣朝会上殿可以穿鞋了。

古人对鞋履的重视程度远在今人之上。秦代以前就有装饰鞋履之风尚，在皇室贵族那里甚至达到了十分奢侈的地步。历代穿丝鞋的都是有钱人，朝廷甚至专门设有"丝鞋局"这样的机构，供应皇室贵族的丝鞋。魏晋南北朝时，贵族所穿鞋子在质料上十分讲究，有"丝履"、"锦履"和"皮履"。另外，还有一种贵族妇人所穿的"尘香履"，以薄玉花为装饰，鞋内放有龙脑等香料，故称"尘香"。唐代文德皇后的一双鞋竟以丹羽织成，前后金叶裁云为饰，并缀有珠玉。

中国古代民俗

知识链接

慈禧太后的凤履

当年在清朝慈禧太后身边做女官的德龄以亲身经历写书的《御香缥缈录》中曾经对宫廷中的鞋子有详尽的描写。单就慈禧太后御用的凤履来说，宫廷里就有两个太监终年一事不做专门为太后保管，有一间专门存放凤履的"鞋库"，其中有几百双鞋子按号码排列，以备使用。这些鞋制作起来，不但工序繁多，而且工艺精巧，在鞋面上还必须装饰珍珠、宝石、璞玉、翡翠等一应宝贵的饰物。慈禧尤喜珍珠，一双鞋上总有七八十颗，最多的甚至有三四百颗，真是奢侈到了极点！

相比之下，平民百姓的鞋就多为麻鞋和草鞋。由于生活贫困，一些穷人甚至赤足，因为已经穷得无鞋可穿。即使有鞋可穿，也必须遵循朝廷规定。比如，晋时曾有规定：士卒百工在鞋的颜色上只能限于绿、青、白三色；奴婢侍从只能限于红、青两色。若有违犯，便是犯上，是要查罪法办的。

古人木屐，一般是在家闲居时的便鞋，正式场合是不能穿的，否则就会有散漫无礼之嫌。虽然木屐在东汉以后几度时兴，但东汉以前穿木屐者都是贫寒下士，富贵之人是不穿的。

麻履草鞋（湖北江陵凤凰山一六七号西汉墓出土）

蒲鞋（新疆吐鲁番阿斯塔那唐墓出土）

第三章 古代服饰民俗

隋唐以后，靴子成了朝服，在礼节上较其他鞋子要贵重得多。因为是朝服，等级规定的就更加严格。宋代文武官朝会时均穿黑皮靴，但根据官服的不同颜色来装饰皮靴的边缝衮条。比如穿绿色官服的用绿边，穿绯色官服的用绯色边，穿紫色官服的用紫色边。明朝开国皇帝朱元璋虽出身于贫苦农民，但当了皇帝后却格外看重等级差别。他曾下令：文武官父兄子弟及女婿可以穿靴，校尉力士在执勤时可穿靴，但出外则不许穿；庶民、商贾、技艺、步军及余丁等，都不许穿靴，只能穿一种有筒的皮履。明代万历年间，还禁止一般人穿锦绮镶鞋。

多姿多彩的颈饰

中国古代妇女的颈饰主要有珠串、项链、璎珞等。

古代先民最早佩戴的颈饰，往往是用大自然赐予的材料穿组而成。装饰品的种类十分丰富，取材广泛，有各种兽齿、鱼骨、石珠、骨管和海蚶壳等。从新石器时代中期开始，玉制串饰出现在人们的颈部，至商周时已十分普及，并逐渐取代兽齿、鱼骨、硬果、贝壳等自然之物。玉制颈饰的形制繁简不一，以管、珠为常见，简单者在管、珠之间夹入一些几何形饰件，如方形、琮形、璜形、三角形、圆形、璧形、多边形等，复杂的玉制串饰则被加工雕琢成各种形状，如鸟形、兽形、龙凤形等，和玉质管珠互相配合，组成一套串饰。

除了用天然材料外，古代颈饰还有用金属材料制成者，盛行不衰的项链就是其中之一。项链是在串珠基础上演变而成的一种颈饰，通常由三部分组成：主体部分是一条链索。链索的下部悬一个坠饰，俗称"项坠"；链索上部的开口部分，则装缀一个可以开合的搭扣或搭

隋代的嵌珠金项链

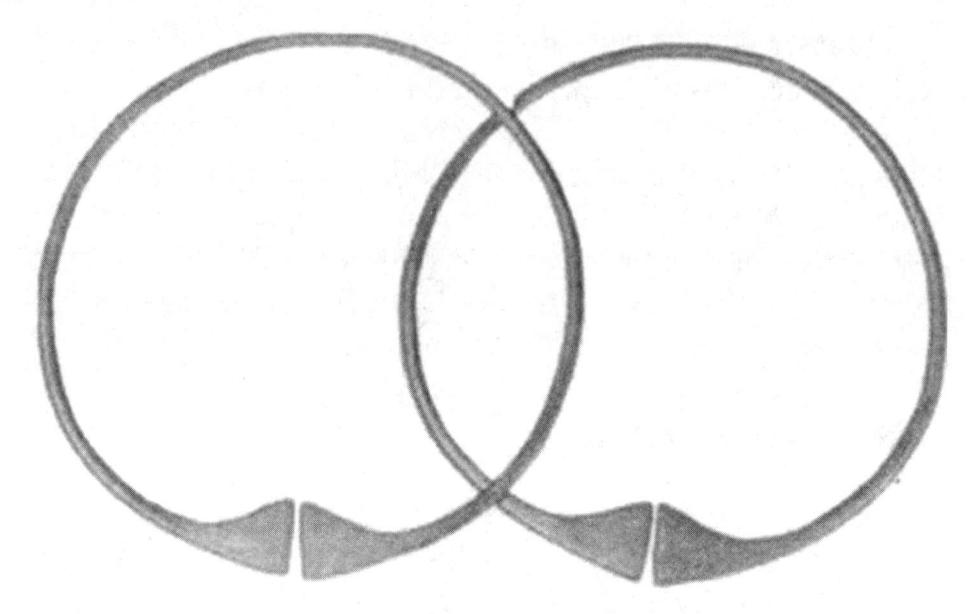

商代金钏

钩。也有不用搭扣者，戴时直接套在颈项。从考古发掘的材料来看，早在新石器时代，我国先民已佩戴起类似项链的饰物。但由于封建礼制的约束，古代女子佩戴项链的不多，一直到民国时期，传统的服饰制度受到外来文化的冲击，一批年轻妇女受欧美妆饰风习的影响，项链才流行起来。这个时期的项链，大多以金银丝扭绞成链索之状，俗称"链条"。链条的上端缀有搭扣，以便佩戴，链条的底部多系有坠饰。常见的坠饰有两种形制，一种为金锁片，另一种为金鸡心。

项圈也是古代常用的一种项饰。通常以金、银锤制或模压成环形，考究者嵌饰以珠翠宝石。在部分少数民族地区，成年男子也佩戴这种饰物。唐代妇女受北方少数民族妆饰习俗的影响，也有佩戴项圈的现象，直到明清时期，妇女仍有佩戴项圈的习俗。

璎珞是古代用珠玉穿成的装饰品，多用为颈饰，又称缨络、华鬘。璎珞原为古代印度佛像颈间的一种装饰，后来随着佛教一起传入我国，唐代时，被爱美求新的女性模仿和改进，变成了项饰。它形制比较大，在项饰中最显华贵。

流光溢彩的手饰

古代手饰有镯子、臂钏、戒指、义甲等。

手镯是古代女性最重要的腕饰。手镯，亦称"钏""手环""臂环"等，是一种戴在手腕部位的环形装饰品。其质料除了金、银、玉之外，也有用植物藤制作的。

手镯由来已久，起源于母系社会向父系社会过渡时期。据有关文献记载，在古代不论男女都戴手镯，女性作为已婚的象征，男性则作为身份或工作性质的象征。此外，在古代社会，人们还认为戴手镯可以避邪或碰上好运气。

臂钏是在手镯基础上演变而成的

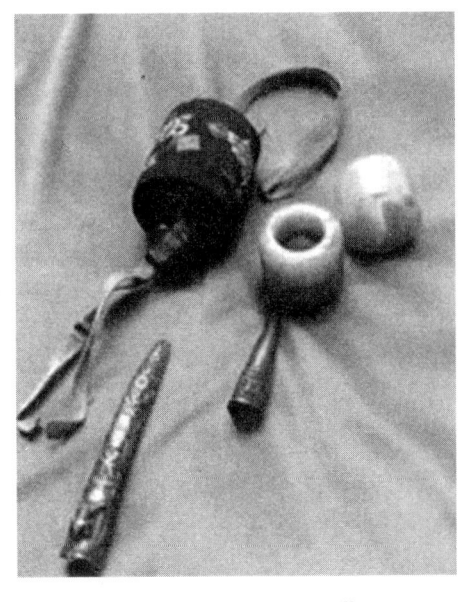

清代的"扳指""及义甲"

一种手饰。古代手镯既可戴在一个手上，也可两手皆戴。既可佩戴一只，也可佩戴数只——从手腕一直戴到上臂。隋、唐、宋、元、明诸代的妇女，有戴臂钏的习俗。臂钏的形制两种变化不大，通常以锤扁的金银条为之，绕制呈盘旋状，所盘不等，少则3圈，多则5圈8圈，也有做十几圈者，考究者用金银丝编制成环套，以便调节松紧。

戒指本称"指环"，它是人们套在手指上的环形物，现存实物以新石器时代为早。距今约有四千多年的历史。古代指环的质料非常丰富，主要有骨、石、铜、铁、金、银、玉及各类宝石，其造型有圆环形、圆箍形、圆簧形、马镫形、嵌宝形、动物形、印章形等。

古代妇女喜欢蓄甲，指甲长了，很容易被折断，尤其在劳作和弹奏乐器时，更易折损。为此，人们特地发明了一种指套，其制为平口，通体细长，由套管至指尖逐渐变细，头部微尖。最初用竹管、芦苇秆等削制而成，后发展成用金银宝石来制造。使用时套至手指中间的关节处，可用几个，也可将十个手指全部套上。这种指套就被称作"护指",或称"义甲"。

纵观中国历代妇女的饰品,种类繁多,斑斓多彩。这些饰品的产生和演变,与当时的经济水平、社会风尚、审美情趣等都有密切的关系,是中国传统服饰文化的重要组成部分,对当代妇女妆饰仍有很高的借鉴价值。

第四章

古代饮食民俗

人类的文明始于饮食。中国不仅是人类文明的发祥地之一,也是世界饮食文化的发祥地之一。中国饮食文化历史悠久,博大精深,是世界饮食文化宝库中一颗璀璨的明珠,对世界饮食文化产生过重要影响。本章通过对中国饮食文化与民俗的介绍来揭示中国饮食文化的发展。

第一节
古代饮食民俗概述

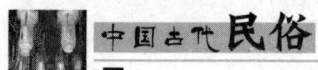

什么是饮食民俗

　　饮食民俗是指人们在筛选食物原料，加工、烹制和食用食物的过程中，所积久形成并传承不息的风俗习惯，也称饮食风俗、食俗。一般包括年节食俗、日常食俗、人生礼仪食俗、宗教信仰食俗。如按民族成分来认识，又可分为汉民族食俗、少数民族食俗。

　　我国饮食民俗是中华民族的优秀文化遗产，是诸多民俗中最古老、最持久、最活跃、最有特色、最具群众性和生命力的一个重要分支。饮食民俗是一种饮食活动，是一定区域或民族的人们共同遵守的一种饮食方式，同时在民族文化交流与传播过程中逐渐发展。我们应当发扬有利于人们身心健康的好习惯，倡导移风易俗。革除那些不利于饮食卫生、身心健康的陈规陋俗。

饮食民俗形成的原因

1. 经济原因

　　饮食民俗虽然是一种文化现象，但其孕育和演变无疑会受到社会生产力发展程度和农业生产力布局的制约。有什么样的物质生产基础，便会产生相应的膳食结构和肴馔（饭食）风格。而农业生产的多样性又为各地饮食民俗多样性提供了物质基础。农副产品是人类食物中最重要的物质来源，在自然条件和社会经济条件的共同影响下，我国的农业生产布局、耕作制度、农副产品种类等都有很大差异。东部以种植业为主，西部以牧业经济为主。北方农区以面粉、杂粮为主食；南方农区以稻米为主食，茶和酒为主要饮料。

2. 自然条件原因

自然地理条件是人类赖以生存和发展的物质条件，饮食民俗对自然条件有很强的选择性和适应性。地域及气候等条件不同，食性和食趣也不一样，形成了东辣西酸南甜北咸的口味嗜好的区别。东南待客重水鲜，西北迎宾多羊馔，均与就地"取食"的生存习性相一致。这种饮食民俗的地域差异，正是各种民间风味和各种菜系形成的重要原因。

3. 民族原因

我国是一个由56个民族组成的多民族国家，由于各民族所处的自然和社会条件不同，人们在长期的生产和生活实践中经过世代的传承和演变，形成了区别于其他民族的自己所特有的传统饮食民俗。

4. 宗教信仰的原因

不少饮食民俗是从原始信仰崇拜和某些人为宗教仪式演变而来的。道教、佛教、伊斯兰教的兴起、传播和流行，对我国的饮食民俗有着较大的影响，特别是教义和戒律对教徒的约束力很大，因此，这类约束民俗一旦形成就很难改变。如以食为天的儒家思想，养生为尚的道家饮食思想，茹素修行的佛家饮食思想，对人们在什么条件下吃，吃什么，怎样吃，都有一定之规。

中国饮食民俗的特征

1. 历史性

所谓历史性，即不同时代在饮食民俗上所表现出的不同特征。一是在特定的时代具有特定的饮食民俗。如唐王朝崇奉道教，视鲤鱼为神仙的坐骑，

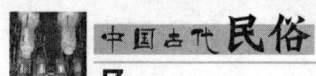

又加上李（谐音"鲤"）为国姓，讲究避讳，故而唐朝皇帝曾下令不准买卖鲤鱼，而唐朝人也因此不敢食鲤鱼，因而整个唐朝几乎没有有关鲤鱼的菜谱。二是特定年代对某些饮食民俗事项的改革，从而烙上了该时代的烙印。

2. 传承性

所谓传承性，即不同历史时期在饮食民俗上所表现出的沿袭相承的特征。一是一些饮食民俗以其合理性赢得了广泛的认同，代代相传，并被继承下来。如我国浙江、江苏、湖北、湖南、江西、安徽等地人们每年四月初八吃的"乌米饭"，早在唐代就已见诸文字记载。屈大均的诗云："社日家家南烛饭，青精遗法在苏罗。"诗中的南烛饭也是乌米饭。林兰痴的诗云："青精益气道家风，供佛如今馈节同。习尚更关闺阁事，数枚鸡子黑参红。"二是一些不良习俗虽具有不合理性，但往往因有传统的支撑而传之后世。如苗族祭祀祖先的节日——"吃牯脏"，从资源消耗的角度来说，属于不良的饮食习俗，活动期间要宰杀很多的耕牛、猪羊和鸡鸭，浪费相当之大。

3. 特殊性

所谓特殊性，即指有些饮食习俗仅仅在有关的节日、礼仪中进行，它通常与礼仪的内涵相一致。如汉族婚姻礼仪中的主题一般有三项。第一项是夫妻生活和谐；第二项是生儿育女；第三项是孝敬公婆。在婚姻礼仪中的饮食活动都是围绕着这些主题而进行的。婚姻礼仪中的交杯酒，先准备好一壶酒和两个杯子，放在新房里，酒壶上要系上红布条或缠上红纸条，表示吉庆。仪式开始时，新郎新娘并立在床前，由媒人或婶娘斟好两杯酒，分别用两只手端着，并念诵"相亲相爱，白头到老，早生贵子，多子多福"之类的颂词，然后将左手的酒杯交给新郎，右手的酒杯交给新娘，新郎新娘向媒人或婶娘鞠躬致谢，说声"遵您金言"后，交臂而饮，其寓意是两人将以结永好。婚姻礼仪中的吃"子孙饺子"，地点在洞房，新郎、新娘共同举箸而食，但在吃的时候，要回答别人的提问。因饺子是半生不熟的，当别人问"生不生"时，则一定要回答"生"，其寓意是以"生熟"之"生"谐"生育"之"生"。

知识链接

豆腐与豆腐之乡

中国是豆腐之乡,它的老家就在安徽寿县。据五代谢绰《宋拾遗录》记载:"豆腐之术,三代前后未闻。此物至汉淮南王亦始传其术于世。"南宋大理学家朱熹也曾在《素食诗》中写道:"种豆豆苗稀,力竭心已腐;早知淮南术,安坐获泉布。"诗末自注:"世传豆腐本为淮南王术。"淮南王刘安,是西汉高祖刘邦之孙,公元前164年封为淮南王,都邑设于寿春(今安徽寿县城关),名扬古今的八公山正在寿春城边。

刘安雅好道学,欲求长生不老之术,不惜重金广招方术之士,其中较为出名的有苏非、李尚、田由、雷波、伍波、晋昌、毛被、左昊八人,号称"八公"。刘安有八公相伴,登北山而造炉,炼仙丹以求寿。他们取山中"珍珠""大泉""马跑"三泉清冽之水磨制豆汁,又以豆汁培育丹苗,不料炼丹不成,豆汁与盐卤化合成一片芳香诱人、白白嫩嫩的东西。当地胆大农夫取而食之,竟然美味可口,于是取名"豆腐"。北山从此更名"八公山",刘安也于无意中成为豆腐的老祖宗。

自刘安发明豆腐之后,八公山方圆数十里的广大村镇,成了名副其实的"豆腐之乡"。

第二节
古代民族饮食习俗

民族饮食是中华饮食文化不可分割的一部分。我国是一个多民族的国家，各民族在漫长的历史发展过程中，形成了各自独特的本民族饮食，品类繁多、内涵丰富。

汉族的日常食俗

1. 主食习俗

汉族人口众多，分布区域广泛，因此，不同区域的汉族有着互不相同的日常饮食习惯。由于各区域出产的粮食作物不同，主食也不一样。米食和面食是汉族主食的两大类型，南方和北方种植稻类的地区以米食为主，种植小麦的地区则以面食为主。此外，各地的其他粮食作物，如玉米、高粱、薯类作物也是不同地区主食的组成部分。汉族主食的制作方法丰富多样，米面制品就有数百种以上。

2. 菜肴习俗

汉族的菜肴因分布地域的不同，又各不相同。首先，原料出产具有地方特色，例如，东南沿海的各种海味食品，北方山林的各种山珍野味，广东一带民间的蛇餐蛇宴，西北地区多种多样的牛羊肉菜肴，以及各地一年四季不同的蔬菜果品等，都反映出菜肴方面的地方特色。其次，受到生活环境和口味的制约，例如，喜食辛辣食品的地区，多与种植水田和气候潮湿有关。再次，各地的烹制方法都深受当地食俗的影响，在民间口味的基础上逐步发展为各有特色的地区性菜肴类型，产生了汉族丰富多彩的烹调风格，最后，发展为具有代表性的菜系。川菜、闽菜、鲁菜、淮扬菜、湘菜、浙菜、粤菜、徽菜等各具特色，汇聚成汉族丰富多彩的饮食文化。

蛇宴

3. 饮品习俗

酒和茶是汉族主要的两大饮料。中国是茶叶的故乡，也是世界上发明酿造技术最早的国家之一。酒文化和茶文化在中国源远流长数千年，是构成汉族饮食习俗不可缺少的部分。

在汉族的日常饮食中，酒是不可或缺的必备品。汉族有句俗话"无酒不成宴"，酒可以助兴，可以增加欢乐的气氛。酒是汉族日常生活和各种社会活动中传达感情、增强联系的一种媒质。

汉族人饮茶，始于神农时代，至少有近5000多年的历史了。直到现在，汉族还有"以茶代礼"的风俗。凡来了客人，沏茶、敬茶的礼仪是必不可少的。在饮茶时，也可适当佐以茶食、糖果、菜肴等，达到调节口味之功效。

汉族传统节日美食

1. 饺子

"舒服不过倒着，好吃不过饺子"，饺子在中华美食中占有十分重要的地位。饺子是我国人民十分喜爱的传统食品，是传统食品的代表。它的特点是皮薄馅嫩，味道鲜美，形状独特，百食不厌。

在漫长的发展过程中，饺子形成了繁多的名目，古时有"扁食""饺饵"

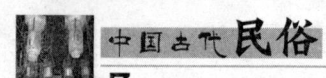

"牢丸""粉角"等名称。唐代称饺子为"汤中牢丸",元代称为"时罗角儿",明末称为"粉角",清朝称为"扁食"。而今,我国北方和南方对饺子的称谓也不尽相同,北方人叫"饺子",南方相当一部分地区却称之为"馄饨"。饺子因五花八门的用馅,名称也各不相同,有羊肉水饺、猪肉水饺、牛肉水饺、三鲜水饺、高汤水饺、红油水饺、花素水饺、鱼肉水饺、水晶水饺等。此外,因其成熟方式不同,有水饺、煎饺、蒸饺等。因此,食用饺子在精神和口味上都是一种很好的享受。

2. 年糕

由于年糕的谐音"年高",寓意着年年要高升,寄予了人们美好的祝愿。有诗这样称颂年糕:"年糕寓意稍云深,年岁盼高时时利,虔诚默祝望财临。"

年糕是江浙一带必备的新年食品,种类很多,有桂花糖年糕、水磨年糕、猪油年糕、八宝年糕等。江苏的年糕以苏州最为典型,是用糯米做的,主要是桂花糖年糕与猪油年糕。宁波的年糕在浙江是最为普遍的,主要是晚粳米做的水磨年糕。在我国台湾省,人们每年也要做年糕、吃年糕。他们是先将糯米、蓬莱米混合、洗净、泡3小时,然后磨成米浆压干,加上砂糖、香蕉油揉匀。要先铺一层玻璃纸在蒸笼底部,把揉好的米粉放在上面,每一个角放一个竹筒用来透汽。蒸两三个小时的时候,用筷子插入米粉中,看看有没有生粉存在。同时要注意随时向锅罩加水,直到蒸熟为止。最后把米糕切块,慢慢地食用。

北方的年糕以甜味为主。用黏高粱米加一些豆类蒸年糕是东北人的习惯。北京人喜欢用江米或黄米来制作红枣年糕、百果年糕和白年糕。山西北部、内蒙古等地,习惯在过年时吃黄米粉油炸的年糕,有的还包上豆沙、枣泥等馅。河北人则喜欢在年糕中加入大枣、小红豆及绿豆等一起蒸食。山东人则用黄米、红枣蒸年糕。

3. 元宵

我国有元宵节吃元宵的风俗。宋代诗人姜白石的诗《咏元宵》中曾写道:"贵客钩帘看御街,市中珍品一时来。"这"市中珍品"就是指元宵。《元宵煮浮圆子》这样写道:

今夕是何夕，团圆事事同。
汤官巡旧味，灶婢诧新功。
星灿乌云里，珠浮浊水中。
岁时编杂咏，附此说家风。

诗中说明了吃元宵象征团圆的意思。一是因为它的形状是圆形，二是因为它漂在碗里，宛如一轮明月挂在星空。天上月儿圆，碗里汤圆圆，家里人团圆。

4. 粽子

五月初五，端午节，相传是为了纪念战国时期楚国大臣屈原的。粽子作为端午节的节日食品，和新年吃饺子一样是传统习俗。全世界各地的华人，不管身在何方，都会按照中华民族的传统，在农历五月初五吃粽子。

粽子的历史可谓久远，自春秋时期已经在民间广为流传了，并且粽子的制作方法还在不断地被更新，不断变幻出新的花样来。现今粽子，一般都用箬壳包糯米，但花色则根据各地特产和风俗而不同，著名的有桂圆粽、肉粽、莲蓉粽、水晶粽、板栗粽、蜜饯粽、辣粽、酸菜粽、火腿粽、咸蛋粽等。

广东粽子：个头大，外形别致。不仅有豆沙粽、鲜肉粽，还有什锦粽。什锦粽是用鸡肉丁、鸭肉丁、绿豆蓉、叉烧肉、冬菇、蛋黄等调配为馅料制作而成的。

闽南粽子：厦门、泉州的烧肉粽、碱水粽都是驰名中外的名粽。烧肉粽的粽米一定得是上等粳米才行，猪肉首选五花肉，先卤得又香又烂，再加上虾米、香菇、莲子及卤肉汤、白糖等，吃时蘸调蒜泥、芥辣、红辣酱、萝卜酸等多样作料，香甜嫩滑，油润而不腻。

宁波粽子：四角形，有碱水粽、赤豆粽、红枣粽等品种。其代表品种碱水粽，是在糯米中加入适量的碱水，用老黄箬叶裹扎。煮熟后糯米变成浅黄色，可蘸白糖吃，清香可口。

嘉兴粽子：长方形，有鲜肉粽、豆沙粽、八宝粽等品种。如鲜肉粽，常在瘦肉内夹进一块肥肉，粽子煮熟后，肥肉的油渗入米内，入口肥而不腻。

北京粽子：是北方粽子的代表品种，其个头较小，为斜四角形。北郊农村，习惯吃大黄米粽，黏韧而清香，多以红枣、豆沙为馅。

粽子不仅仅是中国有，国外也有。不过，不同的国家料理方式不一样，因此国外的粽子也有其独特的风味。

5. 月饼

农历八月十五是中华民族传统的节日——中秋节，在我国，中秋节是仅次于春节的第二大传统节日，相传源于嫦娥奔月的典故。在中秋夜，月亮圆，人们更盼望人团圆，所以中秋节又被称为团圆节。中秋佳节，人们品尝月饼，怀旧思乡，渴望团圆，已成了中华民族的一种古老风俗。于是，月饼就有了丰富的文化内涵。

月饼

在中国，月饼品种繁多，按口味来分，有麻辣味月饼、甜味月饼、咸味月饼、咸甜味月饼；按产地来分，有京式月饼、苏式月饼、广式月饼、潮式月饼、宁式月饼、滇式月饼等；按月饼馅心分，有豆沙月饼、五仁月饼、芝麻月饼、冰糖月饼、火腿月饼等；按饼皮分，则有混糖皮月饼、浆皮月饼、酥皮月饼等；就造型来讲，有光面月饼、花边月饼和人物造型月饼等。

综观中国国内的月饼市场，从南到北，可以看到，月饼文化色彩比过去更加浓郁，文化品位也远远超过了过去。另外，一个最为显著的特点是月饼越来越显得高雅，表现为包装方式的精致典雅、古色古香。从简易包装到塑料包装，从印制精美的纸盒到绝妙精巧的金属盒，可以说，这也是月饼文化的又一大迈进。

少数民族的日常食俗

中国疆域辽阔，民族众多，除汉族外，还有55个少数民族。各少数民族由于居住地区的自然环境不同，以及生活方式、风俗习惯的差异，他们的饮食来源、制作、礼俗、饮食观念和思想等也各不相同，从而形成了各自的饮食文化模式，即使是同一民族，也因居住地不同而存在明显的差别。这里简单介绍一下几个主要少数民族的饮食习俗。

1. 回族食俗

回族散居在我国的许多地区。北方的回族以面食为主，南方的回族以米食为主，也吃其他杂粮。饭食品种多为面条、馒头、包子、烙饼、水饺、干饭、稀饭；还有烧锅、花卷、连锅面、揪面片、干捞面、臊子面等。

菜食也因地区而异，南方多食鲜蔬，与汉族没有什么区别；北方多吃土豆、白菜、萝卜、豆腐、腌酸菜和酱咸菜。肉食品主要是牛羊肉。回族口味注重咸鲜、酥香、软烂、醇浓，强调生熟分开、咸甜分开和冷热分开。他们创造的"清真菜""清真小吃""清真糕点"，是中国烹饪和中国食品中的一个重要风味流派，享有很高的社会声誉。清真菜选料严谨，工艺精细，口味咸鲜，汁浓味厚，肥而不腻。

回族饮食

2. 蒙古族食俗

我国的蒙古族主要分布在内蒙古，在新疆、青海、甘肃等地也有。蒙古族日食三餐，每餐都离不开奶与肉，即"白食"和"红食"。白食指以奶为原料制成的食品，分为饮用的和食用的，饮用的如鲜奶、酸奶、奶酒；食用的如奶皮子、奶酪、奶酥、奶油、奶酪丹（奶豆腐）等。红食是以肉类为原料制成的食品，有整羊背子、手扒羊肉、羊肉串、涮羊肉等。在日常饮食中，与红食、白食占有同样重要位置的是蒙古族的特有食品——炒米。

蒙古族每天都离不开茶，除饮红茶外，几乎都有饮奶茶的习惯。蒙古族的奶茶有时还要加黄油或奶皮子或炒米等，味道芳香，咸爽可口，而且含有多种营养成分。蒙古族还喜欢将很多野生植物的果实、叶子、花煮在奶茶中，煮好的奶茶风味各异，有的还能防病治病。

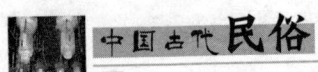

蒙古族奶茶

3. 朝鲜族食俗

朝鲜族主要分布在吉林省，其次是黑龙江省、辽宁省、内蒙古自治区。朝鲜族多以大米、小米为主食，喜欢吃干饭、打糕、冷面。朝鲜族人多吃狗肉、猪肉、泡菜、咸菜。山上的野鸡、野兔、野菜和山药，海里的海带、银鱼、紫菜，都是朝鲜族人爱吃的。

朝鲜族日常菜肴是"八珍菜"和"酱木儿"等。"八珍菜"是用绿豆芽、黄豆芽、水豆腐、干豆腐、粉条、桔梗、蕨菜、蘑菇8种原料，经炖、拌、炒、煎制成的菜肴。大酱菜汤的主要原料是小白菜、秋白菜、大头菜、海菜（带）等以酱代盐，加水焯熟即可食用。饭桌上每顿饭都少不了汤，一般是喝大酱汤。

4. 土家族食俗

土家族主要分布在湖南、湖北、重庆、贵州四地毗连的武陵山地区，他们聚居在山里，以务农为主，也从事渔猎和采集。因此，土家族取山之所产，吃山之所长，办山之风味，颇富山地民族的饮食文化和风情。

土家族平时每日三餐，闲时一般吃两餐；春夏农忙、劳动强度较大时吃四餐。例如，插秧季节，早晨要加一顿"过早"，"过早"大多是糯米做的汤圆或绿豆粉一类的小吃。日常主食除米饭外，以包谷饭最为常见。有时吃豆饭，粑粑和团馓也是土家族季节性的主食。喜好酸辣是土家民族饮食的一大特色，故有"三天不吃酸和辣，心里就像猫儿抓，走路脚软眼也花"的说法。

茶和酒是土家族的生活必需品，茶的种类有油茶汤、凉水甜酒茶、凉水蜂蜜茶、姜汤茶、锅巴茶、绿茶等。土家族人善煮酒和豪饮，酿酒种类繁多，并且有特殊的喝酒习惯，如饮用时，揭开酒坛盖，兑上凉水，插入一支竹管，轮流吸饮，别有一番情趣。

5. 傣族食俗

傣族主要聚居在中国西南部的云南省西双版纳傣族自治州等地。傣族饮食的主食、副食丰富多彩，具有品种多、酸辣、香的特点。

傣族地区以产米著称，以食稻米为主，一日三餐皆吃米饭。大部分佐餐菜肴及小吃均以酸味为主，如酸笋、酸豌豆粉、酸肉及野生的酸果；喜欢吃干酸菜，据说傣族之所以常食酸味菜肴，是因为他们常吃不易消化的糯米食品，而酸味食品有助于消化。傣族地区潮湿炎热，昆虫种类繁多，用昆虫为原料制作的风味菜肴和小吃，是傣族食物的重要部分，常食用的昆虫有蝉、竹虫、大蜘蛛、田鳖、蚂蚁蛋等。

饮酒是傣族的一种古老风俗，傣族男子皆善酿酒。所饮之酒多为家庭自酿，全用谷米酿制，一般度数不高，味香甜。茶是傣族地区的特产，西双版纳是普洱茶的故乡，所以傣族皆有喝茶的嗜好，家家的火塘上常煨有一罐浓茶，可随时饮用和招待客人。

6. 黎族食俗

黎族主要聚居在中国南部的海南省五指山地区，习惯一日三餐，主食大米，有时也吃一些杂粮。黎族习惯将收割的稻穗储于仓中，吃时拿一把在木臼中脱粒。他们喜欢将猎获的野味、瘦肉混以香糯米和少量的盐，放进竹筒

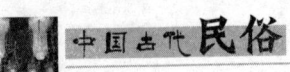

烧成香糯饭，香糯饭味道可口，是招待宾客的珍美食品。黎家人喜爱吃鼠肉，无论是山鼠、田鼠、家鼠、松鼠均可捕食。黎族人习惯将捕来的鼠烧去毛，除去内脏洗净，内放些盐、生姜等作料，在火上烤熟或煮熟吃。

黎族人大多爱喝酒，所饮的酒多是家酿的低度米酒、番薯酒和木薯酒等。用山兰米酿造的酒是远近闻名的佳酿，常作为贵重的礼品，并用这种酒款待贵宾。

7. 侗族食俗

侗族分布在中国南部的贵州、湖南、广西三省（区）毗邻处。侗族大多日食四餐，两饭两茶。饭以米饭为主体，平坝多吃粳米，山区多吃糯米。他们将各种米制成白米饭、花米饭、光粥、花粥、粽子、糍粑等，吃时不用筷子，用手将饭捏成团食用，称为"吃抟饭"。蔬菜大多制成酸菜。制作酸菜有坛制和筒制两种，坛制是指将淘米水装入坛内，置于火塘边加温，使其发酵，制成酸汤，然后用酸汤煮鱼虾、蔬菜，作为日常菜肴。

饮料主要是家酿的米酒，以及茶叶、果汁。侗族成年男子，普遍喜爱饮酒，所饮酒类大多是自家酿制的米酒，度数不高，淡而醇香。侗族人喝的茶专指油茶，它是用茶叶、米花、炒花生、酥黄豆、糯米饭、猪肉、猪下水、盐、葱花、茶油等混合制成的稠浓汤羹，既能解渴，又可充饥。

8. 满族食俗

满族居全国少数民族人口的第二位，主要集中在我国东北的辽宁省。满族民间农忙时日食三餐，农闲时日食两餐。主食多为小米、高粱米、粳米做的干饭，喜欢在饭中加小豆或粑豆，如高粱米豆干饭。有的地区以玉米为主食，喜欢用玉米面发酵做成"酸汤子"。东北大部分地区的满族还有吃水饭的习惯，即在做好高粱米饭或玉米饭后用清水过一遍，再泡入清水中，吃时捞出，盛入碗内，清凉可口，这种吃法多是在夏季。饽饽是用黏高粱、黏玉米、黄米等磨成面制作的，有豆面饽饽、搓条饽饽、苏叶饽饽、菠萝叶饽饽、牛舌饽饽、年糕饽饽、水煮饽饽等。满族的饽饽历史悠久，清代即成为宫廷主食，其中最具代表性的是御膳"栗子面窝窝头"，又称"小窝头"。

北方冬天天气寒冷，没有新鲜蔬菜，满族民间常以秋冬之际腌渍的大白菜（即酸菜）为主要蔬菜。酸菜熬白肉、粉条是满族入冬以后常吃的菜肴。酸菜可用熬、炖、炒和凉拌的方法食用，用酸菜下火锅别具特色。酸菜也可做馅包饺子。

9. 壮族食俗

壮族主要分布在广西壮族自治区，其次是云南、广东、贵州、湖南等省。大米、玉米是壮族地区盛产的粮食，自然成为他们的主食。

甜食是壮族食俗中的又一特色。糍粑、五色饭、水晶包（一种以肥肉丁加白糖为馅的包子）等均要用糖，连玉米粥也往往加上糖。

栗子面窝窝头

日常蔬菜有青菜、瓜苗、瓜叶、大白菜、小白菜、油菜、芥菜、生菜、芹菜、菠菜、芥蓝、蕹菜、萝卜、苦麻菜，甚至豆叶、红薯叶、南瓜苗、南瓜花、豌豆苗也可以为菜。壮族对任何禽畜肉都不禁吃，如猪肉、牛肉、羊肉、鸡、鸭、鹅等，有些地区还酷爱吃狗肉。

10. 苗族食俗

苗族主要分布在贵州、湖南、云南、湖北、海南、广西等地。大部分地区的苗族一日三餐，以大米为主食。苗族的菜肴种类繁多，常见的蔬菜有豆类、瓜类和青菜、萝卜，苗族都善于制作豆制品。肉食多来自家畜、家禽饲养。各地苗族普遍喜食酸味菜肴，酸汤家家必备。酸汤是用米汤或豆腐水，放入瓦罐中3～5天发酵后，即可用来煮肉、煮鱼、煮菜。苗族的食物保存，普遍采用腌制法，蔬菜、鸡、鸭、鱼、肉都喜欢腌成酸味的。苗族几乎家家都有腌制食品的坛子，统称酸坛。典型食品主要有血灌汤、辣椒骨、苗乡龟凤汤、绵菜粑、虫茶、万花茶、捣鱼、酸汤鱼等。

苗族酿酒历史悠久，从制曲、发酵、蒸馏、勾兑直到窖藏都有一套完整的工艺。日常饮料以油茶最为普遍，酸汤也是常见的饮料。

知识链接

东乡族食俗

以前的东乡族以土豆为主食,其次是青稞、糜谷等,常吃青稞、糜谷、大小豆等杂粮面做成的糊状食物——"散饭"。不吃猪、骡、马、驴、狗及其他凶猛禽兽的肉类和动物的血,不吃自死的牛、羊、鸡、鸭等。嗜饮紫阴茶和细毛光茶(绿茶),一日三餐均在炕上进行。媳妇则只在厨房就餐。

少数民族的节日食俗

我国各少数民族的节日食俗,有着自己的民族特色。下面仅对部分少数民族的节日食俗进行简单介绍。

1. 蒙古族的节日食俗

(1)马奶节食俗

马奶节是蒙古族的传统节日,以喝马奶酒为主要内容,流行于内蒙古锡林郭勒盟和鄂尔多斯的部分牧区。除准备足够的马奶酒外,还以"手把肉"款待宾客。

(2)过年食俗

除夕吃"手把肉"是蒙古民族传统习俗,以示合家团圆。除夕晚上吃年夜饭时,一家人把煮好的整羊摆到案头,把羊头放在整羊上面,羊头朝向年纪最长、辈分最高的长者。户主用刀在羊头的额部划一个"十"字后,全家人开始享受丰盛的晚餐。喝酒,是蒙古族过除夕必不可少的程序。蒙古族的年夜饭,按常规要多吃多喝。民间还流行年夜饭的酒肉剩得越多越好的说法,象征新的一年全家酒肉不竭,吃喝不愁。

2. 维吾尔族的节日食俗

（1）古尔邦节食俗

维吾尔族同其他信仰伊斯兰教的民族一样，特别重视宗教节日。尤其视"古尔邦节"为大年，庆祝活动极为隆重，沐浴礼拜，宰牛杀羊馈赠亲友，接待客人。节日的筵席上，主要有手抓饭、馓子、手抓羊肉、各式糕点、瓜果等。维吾尔族人喜食水果，这与新疆盛产葡萄、哈密瓜、杏、苹果等果品有关，可以说瓜果是维吾尔族人民的生活必需品。古尔邦节要在肉孜节后的第70天举行。节日期间，家境稍好一点的家庭，都要宰一只羊，有的还宰牛、骆驼。宰杀的牲畜肉不能出卖，除将规定的部分送交寺院和宗教职业者外，剩余的用作招待客人和赠送亲友。

（2）肉孜节食俗

肉孜节意译为"开斋节"。按伊斯兰教教规，节前一个月开始封斋，即在日出后至日落前不准饮食，期满30天开斋，恢复白天吃喝的习惯。开斋节前，各家习惯炸馓子、油香，烤制各种点心，准备节日食品。节日期间，人人都穿新衣服，戴新帽，相互拜节祝贺。

3. 土家族的节日食俗

过年是土家族最大的节日，从腊月二十三过小年开始，到正月十四、十五结束。过大年的时间比汉族提前一天。故又称"赶年"。

过年的方式很特别：土家人杀年猪后，把猪放在门角后，用蓑衣盖上，一人持刀守候。若有人从门前经过，即拿刀追赶。赶上了就拉到家里吃一顿肉。过年时，肉不细解，吃大块肉，菜不分炒，吃"合菜"，吃大碗酒，年饭用大蒸笼蒸好，吃数日，团年时，关上门，抓紧吃喝，不许说话。

4. 壮族的节日食俗

壮族几乎每个月都要过节，但最隆重的节日莫过于春节，其次是七月十五中元鬼节、三月三、八月十五中秋，还有端午、重阳、尝新、冬至、牛魂、送灶等。

（1）春节食俗

过春节一般在腊月二十三过送灶节后便开始着手准备，要把房子打扫得

窗明几净，二十七宰年猪，二十八包粽子，二十九做糍粑。除夕晚，在丰盛的菜肴中最富特色的是整煮的大公鸡，家家必有。壮族人认为，没有鸡不算过年。年初一喝糯米甜酒、吃汤圆（一种不带馅的元宵，煮时水里放糖），初二以后方能走亲访友，相互拜年，互赠的食品中有糍粑、粽子、米花糖等，一直延续到十五元宵，有些地方甚至到正月三

糍粑

十，整个春节才算结束。

（2）三月三食俗

三月三按过去的习俗为上坟扫墓的日子，届时家家户户都要派人携带五色糯米饭、彩蛋等到先祖坟头去祭祀、清扫墓地，并由长者宣讲祖传家史、族规，共进野餐。还有的对唱山歌，热闹非凡。20世纪40年代以后，这一传统已逐步发展为有组织的赛歌会，气氛更加隆重、热烈。"包菜"是三月三壮族人爱吃的节日食品，又称"包生饭"，即用"包生菜"的宽嫩叶包上一小口饭，放入口中嚼吃，颇有独特风味。

壮族的其他节日食俗也都各有讲究，各具特色，比如中元吃鸭、端午吃粽、重阳吃粑等。

5. 苗族的节日食俗

（1）苗年食俗

过苗年的日期，各地不尽相同，但都是在收谷子进仓以后，即分别为农历的九月、十月或十一月的辰（龙）日或卯（兔）日或丑（牛）日举行。过苗年的头几天，家家户户都要把房子打扫干净，积极准备年货，如打糯米粑、酿米酒、打豆腐、发豆芽，一般还要杀猪或买猪肉等。富裕的人家，还要做香肠和血豆腐，为家人缝做新衣服等。在苗年三十的晚上，全家都要在家吃年饭，守岁到午夜才打开大门放鞭炮，表示迎接龙进家。在天刚拂晓时，每家都由长辈在家主持祭祖。早餐后，中青年男子便上邻居家拜年，苗语称为"对仰"，表示"祝贺新年快乐"。

（2）吃新节食俗

吃新节主要流行于贵州黔东南苗族侗族自治州和广西融水苗族自治县地

区。每年农历六七月，当田里稻谷抽穗的时候，苗族村寨家家户户在卯日（有的在午日或辰日）欢度"吃新节"。届时，每家都煮好糯米饭、一碗鱼、一碗肉等，摆在地上（也有的摆在桌上），并在自己的稻田里采摘7~9根稻苞放在糯米饭碗边上，然后烧香、烧纸，由长者掐一丁点儿鱼肉和糯米饭抛在地上，并滴几滴酒，以表示敬祭和祈祷丰收，然后把摘来的稻苞撕开，挂两根在神龛上，其余给小孩撕开来吃，全家人就高高兴兴地共进美餐。第二天，各村寨的男女老幼者纷纷穿着新衣观看芦笙会，跳芦笙舞；有的拉马到马场赛马，有的牵水牯牛到斗牛场斗牛。

6. 藏族的节日食俗

（1）藏历年食俗

藏族人民所过新年节日，与汉族春节完全不同。一进入农历十二月，家家户户就开始做新年的准备。

十二月二十九日进入除夕。这天，要给窗户和门换上新布帘，在房顶插上簇新的经幡，门前、房梁和厨房也要用白粉画上"十"字符号等吉祥图案，构成一派喜庆的气氛。

入夜时分，全家老小围坐在一起吃一顿例行的"古突"（类似汉族新年的团圆饭）。"古突"是用面疙瘩、羊肉、人参果煮成的稀饭。家庭主妇在煮饭前悄悄在一些面疙瘩里分别包进石头、羊毛、辣椒、木炭、硬币等物品。谁吃到这些东西必须当众吐出来，预兆此人的命运和心地。石头代表心狠，羊毛代表心软，木炭代表心黑，辣椒代表嘴巴不饶人，硬币预示财运亨通。于是大家相互议论，哈哈大笑一场，掀起欢乐的高潮。接着，全家用糌粑捏制一个魔女和两个碗，把吃剩的"古突"和骨头等残渣倾入用糌粑捏成的碗里，由一名妇女捧着魔女和残羹剩饭跑步扔到室外，一个男人点燃一团干草紧紧相随，口里念着："魔鬼出来，魔鬼出来！"让干草与魔女和残羹剩饭一起烧成灰烬。与此同时，孩子们放起鞭炮，算是驱走恶魔，迎来了吉祥的新年。

（2）雪顿节食俗

每年藏历六月底七月初，是西藏传统的雪顿节。在藏语中，"雪"是酸奶子的意思，"顿"是"吃""宴"的意思，雪顿节按藏语解释就是吃酸奶子的节日，因此又叫"酸奶节"。

人们在树荫下搭起色彩斑斓的帐篷，在地上铺上卡垫、地毯，摆上果酒、菜肴等节日食品。有的边谈边饮，有的边舞边唱。下午各家开始串门做客，主人向客人敬三口干一杯的"松准聂塔"酒，在劝酒时，唱起不同曲调的酒歌，十分热闹。

第三节 古代饮品民俗

酒的起源和演变

我国是被世界上公认为发明用酒曲酿酒的最早的国家。我国酒的历史可以追溯到上古时期。其中《史记·殷本纪》关于纣王"以酒为池，悬肉为林""为长夜之饮"的记载表明我国酒之兴起距今已有五千年的历史。

我国晋代的江统在《酒诰》中写道："酒之所兴，肇自上皇，或云仪狄，又曰杜康。有饭不尽，委之空桑，郁积成味，久蓄气芳，本出于此，不由奇方。"江统是我国历史上第一个提出谷物自然发酵酿酒学说的人。在农业出现前后，贮藏谷物的方法粗放。天然谷物受潮后会发霉和发芽，吃剩的熟谷物也会发霉，这些发霉发芽的谷粒，就是上古时期的天然曲蘖，将之浸入水中，便发酵成酒，即天然酒。人们不断接触天然曲蘖和天然酒，并逐渐接受了天然酒这种饮料，久而久之，就发明了人工曲蘖和人工酒。现代科学对这一问题的解释是：剩饭中的淀粉在自然界存在的微生物所分泌的酶的作用下，逐步分解成糖分、酒精，自然转变成了酒香浓郁的酒。在远古时代人们的食物中，采集的野果含糖分高，无须经过液化和糖化，最易发酵成酒。

据考古发现证明，在出土的新石器时代的陶器制品中，已有了专用的酒器，说明在原始社会，我国酿酒已很盛行。以后经过夏、商两代，饮酒的器具也越来越多。在出土的殷商文物中，青铜酒器占相当大的比重，说明当时

古代酿酒图

饮酒的风气很盛。自夏之后，经商周，历秦汉，以至于唐，皆是以果实、粮食蒸煮，加曲发酵，压榨而后才出酒的。随着社会生产的进一步发展，酿酒工艺也进一步改进，由原来的蒸煮、曲酵、压榨改而为蒸煮、曲酵、蒸馏，最大的突破就是对酒精的提纯。

在几千年漫长的历史过程中，中国传统酒的演变经历了复杂的变革，工艺更精熟，技艺更精湛，而酒亦更醇香、更醉人，在各个不同的发展时期又呈现出各自的特色。

1. 新石器时代：酿酒的"萌芽期"

在我国的祖先尚为猿的时候，就已经和酒发生了关系。秋天的时候，树上的果实成熟了，掉在地上，经过适宜的条件，那些附在果皮上的发酵菌，在果实所含的糖分中便大量繁殖起来，从而产生大量的霉素，糖被酶分解转化为含有酒精的液体，这就是原始的酒。从这个意义上说，最原始的酒，既不是某个人创造出来的，也不是上天赐予的，而是大自然的杰作。

人类进入新石器时代，开始了有目的的人工酿酒活动，这是我国传统酒

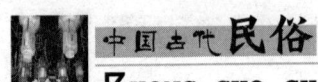

的启蒙期。农业和畜牧业大分工以后，农业成为一个独立的生产部门，人类开始有了比较充裕的粮食，又有了制作精细的陶制器皿，这使得酿酒生产成为可能。这时主要是用发酵的谷物来泡制水酒，迈出了人类酿酒的第一步。

2. 夏商周时期：传统酒的成长期

在这个时期，有一个重大的变化，就是利用酒曲造酒，使淀粉质原料的糖化和酒化两个步骤结合起来，对造酒技术是一个很大的推进。这段时期，由于有了火，出现了五谷六畜，加之酒曲的发明，使我国成为世界上最早用酒曲酿酒的国家，同时酿酒技术有了显著的提高。随后，醴、酒等品种也相继产出；仪狄、杜康等酿酒大师的涌现，也为中国传统酒的发展奠定了坚实的基础。

3. 秦汉至唐朝时期：传统酒的成熟期

在这一时期，酿酒技术有了进一步发展和提高，酒曲的品种迅速增加，仅汉初杨雄在《方言》中就记载了近10种。这一时期，新丰酒、兰陵美酒等一些名优酒开始崭露头角；酒的品种也开始扩展，诸如黄酒、果酒、药酒及葡萄酒等酒品有了一定的发展；陶渊明、李白、杜甫、白居易、杜牧等酒文化名人辈出，有关酒的诗句不胜枚举，酒因之而得到一定的推广和发展。

到了魏晋，酒业兴起来迅速，饮酒不但盛行于上层，而且普及民间的普通人家。而汉唐盛世与欧、亚、非陆上贸易的兴起，使中西酒文化得以互相渗透，我国一些先进的酿酒方法、技术很快传到朝鲜、日本、东南亚等地区，同时我国从外国引进了一些造酒技术，为中国白酒的发明及发展进一步奠定了基础。

4. 宋朝至清晚期：传统酒的提高期

这一时期我国酿酒技术又有了质的飞跃，由于西域的蒸馏器传入我国，进而促使了举世闻名的中国白酒的发明。

蒸馏酒是古人为了提高酒度，增加酒精含量，在长期酿酒实践的基础上，利用酒精与水沸点不同，蒸烤取酒得来的。传统的白酒，古名又称"烧酒"，是最有代表性的蒸馏酒。蒸馏酒的出现，是酿酒史上一个划时代的进步，成为我国的第三代酒。而相应的简单蒸馏器的创制，则是中国古代对酿酒技术的又一贡献。

此外，我国酿酒技术的提高还表现在制曲酿酒技术的进一步的发展。在宋代，我国发明了红曲，并以此酿成"赤如丹"的红酒，并在当时生活中得到广泛应用。在这八百多年中，酒的品种更是得到了全面的发展，技术不断进步，白、黄、果、葡、药五类酒竞相发展，绚丽多彩；而中国白酒则渐渐融入普通百姓大众的生活当中，成为人们普遍接受和青睐的饮料佳品。

5. 清晚期以后：传统酒的变革期

在这一时期，我国社会发生了重大而又深刻的变革，中华民族逐渐融入到世界文明的大家庭中。而此时我国的酿酒工业深受这种潮流的影响，也发生了深刻的变化。西方引进的酿酒技术与我国传统的酿造技艺竞放异彩，使我国酒苑百花争艳、春色满园。

首先，这已不再是我国传统酒独步天下的时代，啤酒、白兰地、威士忌、伏特加及日本清酒等外国酒在我国先后立足生根。它们争先恐后地开始开拓和争夺我国这个大市场，成为我国酒业一道亮丽的风景线，不仅繁荣了我国酒业市场，满足了广大民众的需求，同时加速了东西方酒业的融合，加速了我国传统酒业的改进与发展。

其次，我国传统名酒加速发展。随着西方先进酿酒技术的引进，我国民族酿酒工业逐步发展，不断提高技术，不断规模化，逐渐构筑起我国的民族酒业。特别是新中国成立的60多年，中国酿酒事业更是进入了空前繁荣的时代。传统的黄酒、白酒琳琅满目、各具特色，酒的品种日益丰富，也日益品牌化。

古代酒礼

1. 酒礼的产生

中国素有"礼仪之邦"的美誉。礼是人们社会生活的总准则、总规范。

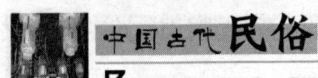

古代的礼渗透到政治制度、伦理道德、婚丧嫁娶、风俗习惯等各个方面，酒行为自然也纳入了礼的轨道，这就产生了酒行为的礼节——酒礼，用以体现酒行为中的贵贱、尊卑、长幼，乃至各种不同场合的礼仪规范。

2. 酒礼的意义和作用

酒礼有许多值得继承和发扬的精华，如尊敬父兄师长，行为要端庄，饮酒要有节制，酿酒、酤酒要讲质量、重信誉等。酒礼在酒席中处于非常重要的位置。在古代，敬酒礼仪非常烦琐、复杂，最讲究敬酒的次数、快慢、先后。由何人先敬酒、如何敬酒都有礼数，如有差错，重者撤职，轻者罚喝酒。还有"有礼之会，无酒不行"，更说明酒在筵席中往往起到"礼"的作用，同时也起到"乐"的作用，美妙之处尽在其中。酒在古代社会各项活动中不但讲礼数，也当作礼品，把"礼品"作为赏人、谢人的礼物。

3. 古代酒礼

古代饮酒的礼仪有四步：拜、祭、啐、卒爵。就是先做拜的动作，表示敬意；接着把酒倒出一点点洒在地上，祭谢大地生养之德；然后尝尝酒味并加以赞扬，令主人高兴；最后举杯而尽。

在酒宴上，主人要向客人敬酒，叫作"酬"；客人要回敬主人，叫作"酢"；敬酒时还要说上几句敬酒词。客人之间也可相互敬酒，叫作"旅酬"。有时须依次向人敬酒，叫作"行酒"。敬酒时，敬酒的人和被敬酒的人都要"避席"起立。普通敬酒以三杯为度。

主人和宾客一起饮酒时，要相互跪拜。晚辈在长辈面前饮酒，叫作"侍饮"，通常要先行跪拜礼，然后坐入次席。长辈命晚辈饮酒，晚辈才可举杯；长辈酒杯中的酒尚未饮完，晚辈也不能先饮尽。

知识链接

现代酒礼

斟酒礼仪：主人须给客人先斟酒。斟酒时不可满杯，再斟酒应在对方干杯后，或杯中酒很少时。为长者斟酒不必太频繁。斟酒时切忌摇动酒壶或酒瓶，切忌将酒壶口对着客人。客人在夹菜或吃菜时，不要为他斟酒。对于不会饮或不能再饮的客人，不必强斟酒。晚辈不宜让长辈为自己斟酒。

敬酒礼仪：主人要首先向主宾敬酒，然后依次向其他客人敬酒，或向所有宾客敬酒。客人也要向第一主人回敬酒，再依次向其他主人回敬酒。晚辈先向最年长者敬酒，再依次向其他长者和同辈敬酒。

祝酒礼仪：主人在饮酒前要根据饮宴的内容和对象，表达对宾客的良好祝愿，以助酒兴，主要有三种形式：一是祝酒词，在大型外交或社交活动中，首先应由东道主致辞，随后由客人代表致答谢词；二是以诗祝酒，更具文化色彩；三是祝酒歌，我国少数民族多以此种形式祝酒，能让客人兴高采烈，现场气氛也十分轻松活跃。

饮酒礼仪：要根据自己的酒量，饮到五分为最佳，要节制饮量，以免失态；充分尊重客人的意愿，让酒宴轻松愉快；不要采用将酒杯反扣于桌子上的方式拒绝饮酒；先酒后饭，不能酒未完先吃饭。

古代酒道

酒有酒道，茶有茶道，人有人道。凡事一旦有了道，便成了一种品位、一种情趣。

酒道是指有关酒和饮酒的事理。中国古代酒道的根本要求就是"中和"二字。"未发，谓之中"，也就是说，对酒无嗜饮，无酒不思酒，有酒不贪酒。有酒，可饮，亦能饮，但饮酒不过，饮而不贪；饮似若未饮，绝不及乱，故谓之"和"。和，是平和协调，不偏不倚，无过无不及。这就是说，酒要饮到不影响身心，不影响正常生活和思维规范的程度为最好，要以不产生任何消极不良的身心影响与后果为度。对酒道的理解，酒不仅着眼于既饮而后的效果，而且贯穿于酒事的始终。"庶民以为饮，君子以为礼"，合乎"礼"，就是酒道的基本原则。

古代酒令

酒令，又称"行令"，是酒席上饮酒时助兴劝饮的一种游戏。酒令的产生可以上溯至东周时代，但酒令的真正兴盛却在唐代。可将酒令分为以下两大类。

1. 雅令

见于史籍的雅令有四书令、花枝令、诗令、谜语令、改字令、典故令、牙牌令、人名令、快乐令、对字令、筹令、彩云令等。

雅令的行令方法是：先推一人为令官，或出诗句，或出对子，其他人按首令之意续令，所续之令必在内容与形式上与先令相符，不然则被罚饮酒。行雅令时，必须引经据典，分韵联吟，当席构思，即席应对。这就要求行酒令者既要有文采和才华，又要敏捷和机智，所以雅令是最能展示饮酒者才华的酒令。

《西厢记》里的酒筹令

（1）四书令，是以《大学》《中庸》《论语》《孟子》四书的句子组合而成的一种酒令，在明清两代的文人宴会上，四书令大行其时，用以检测文人的学识与机敏程度。

（2）花枝令，是一种击鼓传花或抛彩球等物来行令饮酒的方式。

（3）筹令，是唐代一种筹令饮酒的方式，如"安雅堂酒令"等，安雅堂酒令有50种酒令筹，上面各写有各种不同的劝酒、酌酒、饮酒方式,并与古代文人的典故相吻合,既能活跃酒席气氛,又能使人掌握许多典故。

2. 通令

通令的行令方法主要有掷骰、抽签、划拳、猜枚、骨牌、游艺、抓阄等。通令很容易造成酒宴中的热闹气氛,因此较为流行。但通令时的掳拳奋臂、叫号喧争,则有失风度,显得粗俗、单调、嘈杂。

民间流行的"划拳",唐代时称为"拇战""招手令""打令"等。划拳中拆字、联诗较少,说吉庆语言较多。由于猜拳之戏形式简单,通俗易学,又带有很强的刺激性,因此深得广大人民群众的喜爱,中国古代一些较为普通的民间家宴中,用得最多的就是这种酒令方式。

茶的发展与传承

1. 周朝至西汉:茶饮初现

据《华阳国志》载:约公元前一千年周武王伐纣时,巴蜀一带已用所产的茶叶作为"纳贡"珍品,这是茶作为贡品的最早记述。但这时的茶主要是祭祀用和药用。茶以文化面貌出现,是在两晋南北朝。茶有正式文献记载的可以追溯到汉代。可以肯定的是,大约西汉时期,长江上游的巴蜀地区就有确切的饮茶记载。至三国时,也有更多的饮茶记事。公元前59年汉人王褒所写《僮约》中,已有"烹茶尽具""武阳买茶"的记载,这表明四川一带已有茶叶作为商品出现,是茶叶作为商品进行贸易的最早记载。

2. 两晋南北朝:茶文化的萌芽

随着文人饮茶风气之兴起,有关茶的诗词歌赋日渐问世,茶已经脱离作为一般形态的饮食走入文化圈,起着一定的精神、社会作用。

这时期儒家积极入世的思想开始渗入到茶文化中。两晋南北朝时,一些有眼光的政治家便提出"以茶养廉",以对抗当时的奢侈之风。魏晋以来,天下骚乱,文人无以匡世,渐兴清谈之风。这些人终日高谈阔论,必有助兴之

古代茶具

物,于是多兴饮茶

到南北朝时,茶几乎与每一个文化、思想领域都套上了关系,茶的文化、社会功用已超出了它的自然使用功能。由西汉到唐代中叶,茶饮经由尝试而进入肯定的推展时期。此一时期,茶仍是王公贵族的一种消遣,民间还很少饮用。到东晋以后,茶叶在南方渐渐变成普遍的作物。文献中对茶的记载在此时期也明显增多。但此时的茶有很明显的地域局限性,北人饮酒,南人喝茶。

3. 唐朝：茶文化的兴起

随着隋唐南北统一的出现,南北文化再次出现大融合,生活习性互相影响,北方人和当时谓为"胡人"的西部诸族,也开始兴起饮茶之风。

渐渐地,茶成为一种大众化的饮料并衍生出相关的文化,影响社会、经济、文化越来越深。

唐代茶文化的形成与禅教的兴起有关,因茶有提神益思、生津止渴功能,故寺庙崇尚饮茶,在寺院周围植茶树,制定茶礼、设茶堂、选茶头,专呈茶

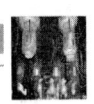

事活动。在唐代形成的中国茶道分宫廷茶道、寺院茶礼、文人茶道。

4. 宋代：茶文化的兴盛

及至宋代，文风越盛，有关茶的知识和文化随之得到了深入的发展和拓宽。此时的饮茶文化大盛于世，饮茶风深入到社会的各个阶层，渗透到日常生活的各个角落，已成为普通人家不可一日或缺的开门七件事之一。以竞赛来提升茶叶技艺的斗茶开始出现，茶器制作精良，种茶知识和制茶技艺长足进步，茶书茶诗，在宋代时中国儒家文化得到大力发扬，创作丰富。文人们文化素养极高且各种生活科学知识也相对厚实，像苏轼、苏辙、欧阳修、王安石、朱熹、蔡襄、黄庭坚、梅尧臣等文学、宗教大家都与茶有深厚的文化因缘，并留下大量茶诗茶词。

宋朝人拓宽了茶文化的社会层面和文化形式，茶事十分兴旺，但茶艺开始走向繁复、琐碎、奢侈，失去了唐朝茶文化的思想精神。

5. 元、明清时期：举世品茶

宋以后至元、明两代，茶文化和茶经济得到继续发展，贡茶更是发展到极盛之势。

但此时由于胡汉文化的差异，贡茶制度十分严格，民间茶文化受到严重打压，与宋代茶业兴盛的状况相反，元代茶业迅速滑到了谷底。

元朝时，北方民族虽嗜茶，但对宋人烦琐的茶艺不耐烦。文人也无心以茶事表现自己的风流倜傥，而更多地希望在茶中表现自己的清节，磨炼自己的意志。在茶文化中这两种思潮却暗暗契合，即茶艺简约，返璞归真。由元到明朝中期的茶文化形式相近，一是茶艺简约化，二是茶文化精神与自然契合。至明朝，与宋代茶艺崇尚奢华、烦琐的形式相反，明人继承了元朝贵族简约的茶风，去掉了很多的奢华形式，而刻意追求茶原有的特质香气和滋味。

明清时期，茶已成为中国人"一日不可无"的普及饮品和文化。清朝之后直至现代，饮茶之风逐渐波及欧洲一些国家，并渐渐成为民间的日常饮料。此后，英国人成了世界上最大的茶客，我国在茶叶产业技术进步和经济贸易上也有了长足的发展。到清朝，茶叶出口已成一种正式行业，茶书、茶事、茶诗不计其数。

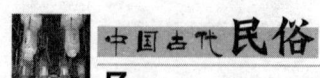

知识链接

茶圣陆羽

　　茶圣陆羽可谓"中国茶艺"的始祖，他将一生对茶的钟爱和所研究的有关知识，撰三卷《茶经》，是唐代茶文化形成的标志，第一次为茶注入了文化精神，提升了饮茶的精神内涵和层次，并使之成为中国传统精神文化的重要一环。其概括了茶的自然和人文科学双重内容，探讨了饮茶艺术，把儒、道、佛三教融入饮茶中，首创中国茶道精神。《茶经》非仅述茶，而是把诸家精华及诗人的气质和艺术思想渗透其中，奠定了中国茶文化的理论基础。

古代茶礼

　　客来敬茶，这是我国汉族同胞最早重情好客的传统美德与礼节。直到现在，宾客至家，总要沏上一杯香茗。喜庆活动，也用茶点招待。开个茶话会，既简便经济，又典雅庄重。所谓"君子之交淡如水"，也是指清香宜人的茶水。

　　茶礼还是我国古代婚礼中一种隆重的礼节。古人结婚以茶为礼，认为茶树只能从种子萌芽成株，不宜移植，所以便有了以茶为礼的婚俗，寓意"爱情像茶一样忠贞不移"。女方接受男方聘礼，叫"下茶"或"茶定"，有的叫"受茶"，并有"一家不吃两家茶"的谚语。同时，还把整个婚姻的礼仪总称为"三茶六礼"。这些习俗现在已摒弃不用，但婚礼的敬茶之礼，仍沿用至今。

古代茶道

茶道是一种通过品茶活动来表现一定的礼节、人品、意境、美学观点和精神思想的饮茶艺术。它是茶艺与精神的结合,并通过茶艺表现精神。通过饮茶的方式,对人们进行礼法、道德修养等方面的教育。认识茶道,首先要认识其历史背景,还要具备相关的传统文化基础。传统文化是茶道精神的基础,而"道、佛、儒"三家理论是正确认识茶道的基础。茶道最早起源于民间,后来经士大夫的推崇,加上僧尼道观的宗教生活需要,作为一种高雅文化活动方式传播到宫廷,其影响也不断扩大。

唐朝时期,中国的茶已传入日本。早期,日本主要是直接向中国学习,移植中国茶文化,经过一个长期的学习、思考过程,才真正消化吸收,最后形成了具有日本民族特色的茶道。日本茶道文化虽然源自中国,但却自成一体,颇具魅力,影响深远,值得借鉴。

第五章

古代节日民俗

中国多姿多彩的节日文化可归纳为古代的节日文化、汉民族的节日文化和兄弟民族的节日文化三大部分。人们怀着巨大热情，以最好的物质文化（饮食、服饰）和最精彩的精神文化（民间信仰、文艺、工艺）来欢度自己的节日。因此，中国传统节日形成的过程，反映了社会发展史和中华民族文化积淀过程的一个侧面。

第一节
节日风俗的发展与演变

节日风俗的产生

农业生产、原始崇拜、神鬼迷信、禁忌等习俗无疑是节日风俗产生的土壤。但是，这些习俗要注入节日还需要很长的时间，一方面使上述的原始习俗上升到礼仪性质，成为"约定俗成"的礼俗；另一方面通过神话传奇故事给特定的节日增添浪漫迷离的色彩，通过历史传说的附会使其更加合情合理，某些民间习俗一旦被统治者引入宫廷生活中，于是上仿下效，更加风靡普及……从某种意义上讲，这些条件都是节日风俗形成的催化剂。

根据节日风俗起源及发展来看，在先秦大部分节日已产生，但是从风俗内容上来看尚不够丰富，形式上也往往比较单一，流行地区不一定广泛，有些时间也不那么固定。所以，在先秦只能是节日风俗的起源萌芽阶段。之所以如此，是有深刻的历史原因的。众所周知，许多自然崇拜、神鬼迷信和禁忌在原始社会里已开其端，这从现代民俗考古及文物考古都可证实。春秋战国时代，奴隶制"礼崩乐坏"，大量的奴隶逐步转化成自耕农，一些奴隶主也向封建地主转变。与前代相比，人有了自己生活的权利。人类自我意识觉醒，逐渐冲破"礼"的枷锁束缚。因此，民间风俗也自然"相染成风，相沿成俗"，得到了长足发展。所以节日风俗的早期萌芽大部分是在这个时期。

但是，春秋战国时的长期分裂，又影响了已经萌芽了的节日风俗发展。各个国家或地区具有各自不同的历史积淀和传统习惯，因此，国与国之间、地区与地区之间节日风俗不尽相同，而林立的国家界限又把人们分别围于狭小的生活圈子里，生活风俗缺乏必要的融合，造成了"百里不同俗"的局面。

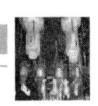

节日风俗的定型

汉代是我国节日风俗的定型时期。除夕、春节、人日、元宵、上巳、寒食、端午、七夕、重阳等主要节日的风俗内容都基本上定型于这个时期。

我国主要节日风俗定型于汉代,有其深刻的历史原因及多方面的社会条件。除沿袭继承先秦社会生活风俗这个历史原因外,从汉代社会背景来看,促成节日风俗定型主要有三方面的因素。

首先,汉代是一个政治、经济比较稳定的统一国家,统一使先秦时代各地区不同的风俗出现融合。先秦时代的荆楚文化圈、巴蜀文化圈、齐鲁文化圈、吴越文化圈、北方文化圈、中原文化圈与秦文化圈在汉代逐步融为一体。各地风俗也互相吸收渗透,你中有我,我中有你。长安宫廷中跳起南方楚舞,唱起楚歌,中原的礼俗也传到南方荆楚及百越之地。反映在节日风俗上,对照一下《荆楚岁时记》所载南方节日风俗与《西京杂记》所载长安节日风俗,有许多类似之处,这正是"相染成风"的风俗传播与融合发展的结果。

其次,汉代又是一个科学与迷信并盛的时代,这为节日风俗发展提供了良好的土壤和空气。汉代天文学有了长足的发展。关于宇宙天体已有了三家学说:盖天说、浑天说、宣夜说。汉代科学技术发展在一定程度上打破了先秦时代那种盲目的自然崇拜,对节日风俗也产生了巨大影响,突出地表现为原始的自然崇拜与巫术式的风俗向宗教神学人文化过渡。节日形成与历法关系极为密切,历法确定是节日确定时间的前提。但是,夏、商、周三代以来直至汉初,每次改朝换代,都要改律历、易正朔、重立岁首。历法多变无疑对节日产生影响。西汉时制定了《太初历》,更精确地反映一年地球运行周期,特别是确定了建寅之月为岁首,从此以后2000多年再无大的变更,这无疑是节日得以确定的重要因素。

再次,汉代又是神鬼横行、谶纬迷信的时代。如果说先秦时代的迷信仅只是由原始自然

元宵狮舞

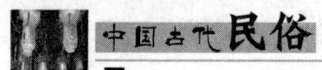

崇拜、巫术禁忌发展演变而来，那么汉代的迷信则有了完整体系的理论依据，更深入地渗透社会生活的各个角落。从社会上层到乡村偏野的民百姓，无不笼罩在一片神秘的迷雾中。但是，这种迷信的社会风气对节日风俗的形成却是必不可少的条件，节日起源于原始崇拜与禁忌，形成于迷信风俗。汉武帝为了祭祀太乙神，设祭坛、立祀祠、宰牛马、具太牢，兴师动众，折腾数年。这种在甘泉宫大张灯火祭太乙神的方式却被民间仿效，形成了正月十五元宵节张灯夜游的风俗。阴阳五行家又把迷信禁忌活动划分给一年的四时八节、二十四节气，形成了一套僵化的岁时迷信顺序。岁时划分的迷信禁忌一写入经典，又逐步上升为礼俗。这种迷信与礼俗的混合体，在确定节日及其风俗活动中起着不可估量的作用。

节日与神话本来都是起源于原始崇拜的一对孪生姊妹，然而在发展中，却互相影响，关系亲密。神话为节日增添浪漫色彩，节日为传播神话又提供了媒介。在汉代，神话的发展也为节日风俗的发展起了推动作用。有些风俗活动本身就来源于神话。那时，吴刚虽然还没有得道成仙，然而嫦娥却已经进入广寒宫，玉兔金蟾的传说使中秋节拜月之俗向赏月之俗发展，已搭上了浪漫的神话桥梁。织女星虽然还没有下嫁牛郎结成夫妻，但是"盈盈一水间，脉脉不得语"的眉目传情，已给"七夕"乞巧的姑娘们增添了生动有趣的话题。

到了东汉，历史的积淀已在节日风俗中呈现出来，表现在两个方面：一是对一些历史人物的祭奠代替了原来某些原始崇拜活动的内容，成了节日的主宰，如后稷、屈原、介子推、伍子胥等，皆由人得道成神，受到人们的崇拜；二是风俗本身发展中，一些风俗上升成礼俗，一些礼俗演变为风俗，不少风俗和礼仪融为一体，被人们约定俗成地接受并沿袭下来。这一点在以后的节日风俗发展历史上也是如此。

节日风俗的变化

魏晋南北朝时期，在我国节日风俗发展史中是一个受冲击并出现变异的阶段。冲击来自三个方面：道教、佛教的宗教冲击；清谈玄学思想带来的玄怪观念的冲击；民族融合的冲击。由于这些冲击，使节日风俗活动的内容及性质发生了变异。

东汉末年，源于神仙说的道教，从民间勃然兴起。先称"五斗米道"或"太平道"，经创始人张陵、儿子张衡、孙子张鲁的传道广为流播，到了张角时变为农民起义的思想武器和组织形式。原始道教经过改造，到南北朝时得到了统治阶级的承认。在北方传道的有寇谦之，投统治阶级所好；在南方传道的有葛洪、陶弘景，干预南朝政治，被称为"山中宰相"。道

放风筝

教炼丹求仙，点铁成金、寻求长生不死，既符合统治阶级口味，而招神驱鬼、画符除妖治病，又为群众所欢迎接受，因而在社会生活中形成一股势力。

两汉之际传入中国的佛教，到南北朝时，经过中国僧人邃安传教，西域僧人鸠摩罗什译经，佛教在中国广泛传播开来，形成了又一股宗教势力。宗教冲击对节日风俗影响颇深，出现了一些宗教节日，如四月八日浴佛节、七月十五中元节等，浴佛节日仪式在南北各民族中都相当流行。七月十五是佛教的盂兰盆会节，也是道教的中元节。其他节日如中秋、重阳、七夕等节日风俗中都有佛教与道教的仪式内容渗入，这种宗教对节日影响尤其在唐宋以后表现得最为明显。

魏晋南北朝时期，北方少数民族入主中原，与汉人杂居，一方面使汉族与少数民族的风俗出现融合；另一方面战乱造成北方人民向南方的大迁徙，使汉族内部南北风俗也产生融合。

唐代是中国节日风俗划时代的裂变时期。节日完全从原来的禁忌、迷信、祓禊、禳除的神秘气氛中解放出来，转变为娱乐型、礼仪型，成为真正的"佳节良辰"，但在某些方面已向奢侈享乐方面发展。

从隋唐到宋代，节日风俗一直处在这种变化过程中，这是一定的历史背景所决定的。隋唐时期是中国封建社会的昌盛时代，北魏时出现的"均田制"，到唐代时已推行全国，将土地按户分配给农民耕种，赋税征收采用劳役地租与实物地租相结合的"租庸调"制，使封建小农经济模式达到了空前未有的繁荣阶段。由于国家的强盛和统一，科学技术长足的进步，农业生产从几百年的战乱中恢复起来，手工业、商业都十分发达。社会经济的发展与人民生活的相对稳定，给社会风俗演变提供了历史条件，因此，表现在节日风

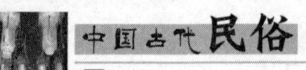

俗上的一个突出特点就是向娱乐型演变。

　　节日变得欢快愉悦，风俗生活内容也变得丰富多彩。大量的体育娱乐活动出现在唐人的节日里。荡秋千、放风筝、蹴鞠、打马球、拔河、射箭、走马、游猎、斗百草……形式多样。不同季节，不同的节日活动内容也各异。尽管在魏晋南北朝时，许多节日风俗已向娱乐型转变，一些体育娱乐活动也在节日出现，但远不及唐代变得这样彻底、普遍，尤其是节日观念上的转变。唐代有关节日的神话故事，也不再是那么狰狞可怖，也变得生动、滑稽、浪漫而又富有诗情画意。唐玄宗偕道士游广寒宫，月宫桂下，仙姝成群，歌舞迷人。魏晋时织女还被视为好吃懒做而被惩罚之人，唐代以后，她已成了真善美的化身。至于凶神恶煞的捉鬼门神，先由钟馗道士取代，后又转让给秦叔宝、尉迟敬德二位将军。繁荣的社会经济带来了轻松愉快的节日风俗，反映出唐代人民丰富的生活情趣、相对平衡的社会心理状态。

知识链接

足球与蹴鞠

　　足球是当今世界第一运动，最早的足球娱乐确实起源于中国。我国先秦时期就有了一种重要的娱乐活动，那就是所谓的"踏鞠"。踏鞠又叫"蹴鞠""蹙鞠"，其实就是我国最原始的足球游戏。这种游戏活动早在3000多年前的殷商时代就已出现。在殷商用来占卜的甲骨文字中，已有关于踏鞠之事的记录。过去有些人认为中国的足球是在近代以后从欧洲引进的，但是实际上早在3000多年以前我国就有了足球运动的雏形，蹴鞠游戏便是它的最早源头。有的古籍中甚至将我国蹴鞠的起源一直推到上古时代。如刘向《别录》中称"寒食蹴鞠，黄帝所造，以练武士"。把蹴鞠的发明权归属于上古时代的黄帝的说法恐怕是附会之辞，但是根据现有的资料来看，蹴鞠活动在商周时期就开始出现，在春秋战国时期已经十分普及。宋代的高俅就是因为蹴鞠玩得好，被皇帝喜爱，成为太尉的。

节日风俗的进一步发展

中国节日风俗到明清时期，出现了三种变化：一是上层统治者及文人士大夫层的复古风；二是有些以小农经济为基础的节日风俗淘汰或淡化；三是游乐性的风俗迅猛发展。因宋明理学的影响，封建礼教对人们思想禁锢日益加强，封建社会日趋僵化，这反映在节日风俗上也有了变化，更讲究节日的礼仪性、应酬性。例如，新年拜谒，达官贵人限于"礼尚往来"，不能不相互拜谒，于是一盒拜帖送到，见帖不见人。随之相伴的是复古风，唐宋时的驱傩仪式具有很大的娱乐性，内容已变得与前代面目全非，可是明代的驱傩活动却效法于汉代，师古而不法唐宋。甚至在民间已广泛盛行的门神是秦叔宝、尉迟敬德，可一些士族大夫，官宦之家偏不用，而法秦汉，用神荼、郁垒做门神。此类例子不胜枚举。明代社会由于手工业、纺织业的发展，在浙杭苏州一带出现了大批机户及佣工，沿海一带商业贸易也迅速发展，出现了资本主义萌芽。资本主义萌芽虽然受到封建主义的阻力，但是仍然缓慢发展，给节日风俗带来很大变化。一些节日逐渐被人们冷淡，甚至被淘汰。如唐宋以前，人们十分重视的社日及祭土地神风俗，在明清时已不为人们重视。无土地，沦为佃户、雇工之人，也就不再敬土地神。男耕女织的家庭模式的破坏，七夕节也不为人注意，仅保留了家庭妇女们的娱乐活动。

但是，娱乐性的节日风俗在明清时仍在持续发展，像元宵节放花灯烟火，到明代长达10夜，创历史之纪录。龙舟竞渡之风有增无减，至于节日期间，玩狮舞龙、旱船秧歌、杂技百戏、体育活动等有增无减，杭州西湖上游艇画舫，节无虚日，盛况均超前代。

第二节
中国节日民俗

春节民俗

春节是中华民族的第一大节，她有着悠久的历史与丰富的文化内涵。春节凝结着中国人的贺岁情感、生命意识、审美趣味与宗教情怀，春节是民族文化传统的集中展示，人们在享受着春节文化的同时也表演着民族的节日文化。民族文化正是在节日这一特定的时空设置中得到传承与弘扬的。

我国农历新年为什么放在正月初一呢？

我国人民以寒冬将至，春阳萌动之时作为新年伊始，其源头可以追溯到上古时代的"腊祭"。"腊祭"据说原是神农氏时代"索鬼神而祭祀""合聚万物而索享之"的年终祭祀习俗，主要内容是感谢百神上一年的赐予，祈求来年风调雨顺，五谷丰登，同时伴随驱疫禳灾活动。古代"猎"与"腊"也相通。时当冬闲，人们用猎获的野兽作为祭品举行大祭。《礼记·月令》曰："是月也，大饮蒸。天子乃乞来年于天宗，大割祠于公社及门闾，腊先祖五祀赵公元帅像，劳农以休息之。"当时，有把"腊祭"之日当做新年来过的。

先秦时期新年习俗处于萌芽阶段。《诗经·七月》中记载了西周时期旧岁新年交替时的节庆风俗。冬天来临，人们回到室内，堵住向北的窗户，在室内生火，用烟熏鼠准备过年。所谓"八月剥枣，十月获稻，为此春酒，以介眉寿"，是说人们收获之后，酿制美酒，庆贺丰收，孝敬老人。所谓"朋酒斯飨，曰杀羔羊，跻彼公堂，称彼兕觥，万寿无疆"，是说人们将美酒和羔羊奉献给诸神，以酬谢一年来神的保佑和赐福。这时的欢庆活动因各国采用的历法不一样而没有统一的日子，大致在冬天农闲之际，它是后来新年习俗的

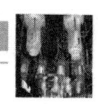

雏形。

新年习俗定型于汉代。经过战国和秦朝末年的社会大动荡后，西汉初期推行"休养生息"政策，社会生产得到了恢复和发展，社会秩序比较稳定，人们的生活情趣高涨，一系列节日习俗逐渐形成。《太初历》推行后，历法长期稳定，正月初一作为新年的日期也因此得到确立。这样一来，原来各地区分别在冬末春初不同日子举行的酬神、祭祀和庆祝活动便逐渐统一在农历正月初一这一天进行。随着社会的发展，从汉朝到南北朝，正月初一过新年的习俗愈演愈烈，燃爆竹、换桃符、饮屠苏酒、守岁阳、游乐赏灯等活动都已出现，庆祝的日期越拉越长，逐渐演化成为我国的第一大节日。

新年习俗在唐代发生裂变。唐朝是思想文化昌明的时代，同时也是内外文化交流频繁的时代，新年习俗渐渐从祈报、迷信、禳除的神秘气氛中解放出来，转变成娱乐型、礼仪型节日。庆祝新年的重点由祭神转向了娱人，转向了人们自己的娱乐游艺，享受生活。所以，可以说，也只有在唐代以后，新年才真正成为普天同庆、亿民欢度的"佳节良辰"。

新年习俗到明清时期开始转型，礼仪性、应酬性渐渐加强。人们在新年相互拜谒，达官贵人互送名帖，或者登门叩拜，平民百姓也讲究"礼尚往来"，馈赠礼品，互相拜年。此外，春节的游艺性进一步加强。新年期间，玩狮子、舞龙、演戏、说书、高跷、旱船等各种娱乐活动五彩缤纷，绚丽夺目，北京人逛厂甸、广州人游花市、苏州人听寒山寺钟声、上海人游城隍庙，各地游艺活动独具特色，各种娱乐活动层出不穷，令人眼花缭乱。

按照我国的习俗，从广义上说，春节是指从腊月初八的腊祭或腊月二十三的祭灶到正月十五的元宵节这段时间，狭义上则指正月初一这一天。这期间活动很多，许多习俗富有浓郁的民族色彩。

正月初一早上，人们开门见了面，都作揖道喜，互贺没有被"年"吃掉，这成了春节的重要活动。先是在家中，晚辈向长辈磕

春节逛庙会

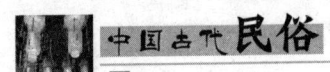

头跪拜，祝福祝寿，然后到邻居家中拜长辈。当然了，晚辈的口袋里总是被长辈塞满了糕点、花生之类的食物。大人们见面则说"出门见喜""恭喜发财""健康长寿"等吉祥话语。宋代时开始出现拜年的贺帖，到了明清以后，投寄贺年片之风盛行。过年给亲朋好友寄张印刷精美的贺年片，上面写一些简短的祝贺词语，别有一番情趣。

古时春节有饮"屠苏酒"的习俗。传说春节喝屠苏酒，可以强身除病。

春节期间的饮食也极为丰富，美味佳肴应有尽有。按照习俗，我国南北方的饮食习惯不同，南方人喜食甜食，春节早上吃糖莲子、糖年糕、糖汤团等，意思是"一年甜到底"，而北方人则喜欢吃饺子。

春节传统的民间习俗，寄托了人们的美好愿望和憧憬。旧时，即使再穷，春节这天也要想方设法穿上新衣，盼望在新的一年里合家幸福，平安无事，盼望农业丰收，生活美满。

两千多年的历史，中国的新年风俗盛行赤县神州，渗透到了每个人的生活之中，也铸造了每个炎黄子孙的灵魂。过大年，每到阴历年底赶回家与亲人团聚，祭祖宗，拜年，这些已成为炎黄子孙共同的习惯。

清明民俗

清明在中国岁时体系中有着独特的地位，是中华民族的重大纪念日，中国境内民族大多有清明或类似清明的祭祖日，对祖先的追悼与祭祀是传统社会民众生活的重要内容。时至今日，祭祖仍为民俗生活中的大事。

传承至今的民俗节日中，唯有清明是以节气兼节日的民俗大节。作为二十四节气之一，清明最初主要为时令的标志，时间在冬至后一百零七日、春分后十五日，公历的四月五日前后。《淮南子·天文训》说：春分后十五日，北斗星柄指向乙位，则清明风至。清明风古称八风之一，它温暖清爽，在和煦的春风之下，天地明净，空气清新，自然万物显出勃勃生机，"清明"节气由此得名。

汉魏以前清明主要指自然节气，它是与农事活动密切关联的一般节令。后世成为清明重要节俗内容的祭祀活动，此时由另一民俗节日承载，这就是寒食节。寒食在清明前两日或一日，禁火冷食、墓祭及巫术性游戏等构成寒食节俗的特殊景观。

清明真正成为民俗节日是在唐宋之后，清明在唐宋后具有时令与节日的双重意义，并且其节俗意义日渐增强。民间渐将寒食节的节俗内容与清明合二为一。

清明虽然晚出，但它有着久远的历史源头，是传统春季节俗的综合与升华。对于祖先的祭祀中国人向来十分重视，当时尚无墓祭的礼俗，要祭逝去的先人，就立一名为"尸"的神主在宗庙祭祀。春秋战国时期，墓祭风气渐浓，据《孟子》记述的一则笑话说，在齐国有一个无所事事又颇好脸面的穷人，其人外出，常常醉饱归家，声称自己有诸多富贵朋友，对妻妾颐指气使，其妻生疑暗地跟踪，发现丈夫并不是出入于富贵之家，而是乞讨于墓地之间。由此可见，当时已经有了以酒食在墓区祭拜先人的习俗。但这种习俗似乎还限于有一定社会地位的人家，对于身份低微、财力薄弱的庶民阶层来说，并不普遍。汉代随着儒家学说的流行，宗族生活的扩大，人们因现实社会生活的需要，返本追宗观念日益增强，人们对于祖先魂魄托寄的坟墓愈加重视，上墓祭扫之风转盛，如严延年不远千里从京师"还归东海扫墓地"。

唐人沿袭前代祭墓风俗，并扩大到整个社会。从礼经的记载看，古代并没有春季上墓祭扫的例规，但唐时已成风气。据《旧唐书·玄宗纪》载，唐玄宗鉴于士庶之家无不寒食上墓祭扫，于是下诏"士庶之家，宜许上墓，编入五礼，永为常式"。朝廷以政令的形式将民间扫墓的风俗固定在清明前的寒食节，由于寒食与清明节气日的相连，寒食节俗很早就与清明发生关联。寒食禁火，清明取火，扫墓亦由寒食扩展到清明，唐人已将寒食清明并称，白居易《寒食野望吟》描写寒食情景："乌啼鹊噪昏乔木，清明寒食谁家哭。"唐代诗人柳宗元的《与许京兆书》中描述，每至清明，"田野道路，士女遍满，卑隶佣丐，皆得上父母丘墓"。清明不仅从寒食中分担了祭墓的功能，同时它也将一些原本属于寒食节日的游戏娱乐置于自己名下，如蹴鞠、秋千是寒食的著名节俗，这时也已成为清明的娱乐。杜甫《清明》诗云："十年蹴鞠将雏远，万里秋千习俗同。"如果说唐朝寒食与清明并列，清明地位逊于寒食的话，那么宋朝清明已基本上完成了对寒食的置代，除禁火冷食仍为寒食特有的外，清明已承担了许多原属于寒食的节俗功能。

宋代孟元老的《东京梦华录》记载，北宋时人们在清明这天都要祭拜扫墓。至于扫墓的目的和具体仪式，宋代也有人专门说明。如南宋吴自牧的《梦粱录》中说，人们"到郊外去上坟扫墓的目的是尽自己对祖先的思念之情和敬仰之心"。扫墓作为清明节的重要内容，一直被延续下来，直至明清时期，风气更盛。

清明时节莺飞草长，风和日丽，在屋子里被闷了整整一个冬天的人们，正好可以走出户外，探春踏青，呼吸一点春的气息。宋代天才画家张择端的传世杰作《清明上河图》，以恢弘而细腻的神来之笔，描绘了清明时节人们上坟踏青归来后逍遥自在的场景。宋代周密的《武林旧事》一书中，更详细记载了南宋临安城（今杭州）清明时节人们踏青春游的热闹情景。

进入清代，清明节仍是流行于广大民间的一个重要节日。据清代潘荣陛的《帝京岁时纪胜》说，清代的北京，清明节一到，"倾城男女"纷纷扶老携幼，去往四郊扫墓祭祖。富裕的人家，往往还要用盒子装上准备好的酒菜烧纸，乘车坐轿前往。到了墓地，人们要修整坟墓，往坟头上添点土等。祭扫完之后，人们就在坟前将随身携带的各种纸鸢放飞，互相比试各家风筝制作和放飞水平的高低。这一天，还流行摘柳树枝佩戴的习俗，所以，踏青外出的人们人人都要往身上挂点柳枝。

端午民俗

端午依托夏至时间节点，传承着古老的年节习俗，在汉魏六朝时融汇南北民众对五月的时间感受，并接纳了屈原沉江的传说，发展为一个全民性的民族大节日。正是由于社会上下层民众对端午节俗的共同重视，才保证了她传承千年的生命活力。

端午作为五月初五的节名，始于魏晋时期。晋人周处在《风土记》中有如下记述："仲夏端午，烹鹜角黍。端，始也，谓五月初五也。"端午本是仲夏月的第一个午日，即夏历的午月午日，后人们用数字记时体制取代干支记时体制，以重五取代重午，但仍保持着端午之名。

唐代以前"端五""端午"混称；唐玄宗李隆基生于八月初五，为避讳，以后便正式将"端五"改为"端午"。

关于端午节的起源，说法颇多。现代学者闻一多认为，端午节起源于吴越地区的龙图腾崇拜。西汉《大戴礼记》有五月五日浴兰汤，即以兰草汤沐浴的记载，可见端午节的某些习俗，早在屈原之前已经有了。叙述周穆王驾八骏西游故事的《穆天子传》，也早已有了关于龙舟的记载。东汉邯郸淳的

《曹娥碑》，称五月初五是春秋吴国伍子胥遇难日，伍子胥死后变成涛神，民间于是有了驾舟竞渡迎涛神的习俗。此外，东汉蔡邕《琴操》和晋代陆翙《邺中记》称端午是为了纪念介子推；晋代虞预《会稽典录》称端午是为纪念浙江上虞少女曹娥。流传影响最广的，认为端午起源于纪念屈原，最早的记载可见南朝时梁朝人吴均的《续齐谐记》和南朝时梁朝人宗懔的《荆楚岁时记》。实际上是后人附会于端午节的一则优美传说，但这也反映了我国历代人民对于屈原的无限热爱和怀念。吴均在《续齐谐记》中有这样一段文字："屈原五月初五投汨罗而死，楚人哀之。每至此日，竹筒贮米，投水祭之。汉建武中，长沙欧回，白日忽见一人，自称闾大夫，谓曰君当见祭，甚善。但常所遗，苦蛟龙所窃。今若有惠，可以楝树叶塞其上，以五彩丝缚之。此二物，蛟龙所惮也。回依其言。世人作粽，并带五色丝及楝叶，皆汨罗之遗风也。"

古代迷信称农历五月为恶月、五月初五为恶日。所以端午节又有佩香袋、缠五色丝、挂蒲剑、饮雄黄酒、戴老虎肚兜等风俗。届时，姑娘们多在衣襟上佩挂五色香袋，香袋里装的是雄黄、苍术、甘松、白芷、细辛、丁香和香草等配成的香料粉，可以驱虫排毒。据《荆楚岁时记》载，用青、黄、赤、白、黑五色丝线，系于臂上或挂在胸前，可"令人不病瘟"，《后汉书·礼仪志》上说可"以止恶气"。端午时，人们还将菖蒲采来剪成宝剑形，挂在屋檐下，将艾草挂在门楣上，据说这样可禳毒气，鬼也不敢进门了。有些地方还以芸豆荷包和五彩丝络成的小粽子、蒜头挂在儿童胸前，大人饮雄黄酒，在屋角洒雄黄水，并将其水涂抹在儿童面颊上，或用菖蒲、艾草煮水，用来沐浴，这些都是为了消毒杀菌、防疫去病、驱除毒虫、保人安康。

赛龙舟

端午赛龙舟是我国一项历史悠久的水上竞技活动。在有些地区它又称"划龙船"或"龙舟竞渡"。

赛龙舟"起于越王勾践"。春秋末期，勾践和吴国打仗，曾经战败被俘。他在吴忍辱负重三年，终于赢得吴王夫差的信任而归国。他卧薪尝胆，"十年生聚，十年教训"，终于报仇雪恨。而在雪耻过程中，他五月初五成立的水师起了重要的作用。他这种坚强的毅力和决心，感动了不少的人，后来人们效仿他，以五月初五这天划船竞渡以示纪念。早在南北朝时期就有几种关于龙舟竞渡起源的说法。一说是纪念屈原，二说是纪念吴国大将伍子胥。吴、越都处江南水乡，河湖交错，民间习惯以舟代车，都很有条件形成竞渡之俗。

史料中关于粽子的记载，始于东汉。汉时的粽子包成牛角状，称为"角黍"。西晋周处《风土记》称："古人以菰叶裹黍米煮成，尖角，如粽榈叶心之形。"又说每年在夏至和端午两个节日都吃这种食品，称"粽"或"角黍"。另据古籍记载，夏至用黍和鸡祭祀祖先，早在殷、周时就有。后来夏至以"角黍"祭祀和端午节以粽子祭祀屈原，不过是原来风俗的演变和发展。

中秋民俗

"一年月色最明夜，千里人心共赏时。"天上明月，人间情怀，人们围绕着中秋明月这一特殊天象形成了中国人特有的月亮节、团圆节。祭月、拜月、赏月、玩月、走月、跳月，中国中秋拜月人的心态情感在如水的月光之下，表现得生动而自然。

中秋节是中国的传统佳节。根据史籍的记载，"中秋"一词最早出现在《周礼》一书中。到魏晋时，有"谕尚书镇牛渚，中秋夕与左右微服泛江"的记载。直到唐朝初年，中秋节才成为固定的节日。《唐书·太宗纪》记载有"八月十五中秋节"。中秋节的盛行始于宋朝，至明清时，已与元旦齐名，成为中国的主要节日之一。这也是中国仅次于春节的第二大传统节日。

中秋赏月

第五章 古代节日民俗

据考证，我国的中秋节，是在上古秋分和月神崇拜的基础上，发展变化，最后固定在每年八月十五这天。据《周礼·春宫》说，远在周代，就已出现了每年中秋夜击鼓赋诗以"迎寒"的活动。又据《礼记》等书记载，周天子每年秋天要"夕（拜）月"。到了汉代，每逢立秋日，人们要举行敬老等仪式。入晋，已有关于中秋赏月的记载，但当时尚未形成一种风俗。直至唐代，中秋赏月、玩月等活动才终于成为一种遍及社会各界的风俗。据统计，仅唐末大诗人白居易的传世诗作中，以中秋和八月十五为题的诗，就达七首之多。可见，当时的中秋活动，对人们的生活的确影响深远。到了宋代太宗年间，皇上正式下令以八月十五为中秋节。中秋节的活动，在南北各地广泛兴盛起来了。据宋人孟元老《东京梦华录》一书记载，中秋之夜的东京汴梁，到处弦歌不绝、人声鼎沸，一派热闹欢乐的景象。达官贵人们，在自己的歌榭楼台上饮酒赏月，一般市民则争先恐后地登上沿街的酒楼，一睹中秋明月的风采。而宋人吴自牧的《梦粱录》上说，南宋的都城临安，中秋月圆之夜，同样是热闹非凡。无论是穷人还是富家大户，家家都要安排一顿晚宴，全家人一同饮酒赏月。街市之上赏月，玩月赏景的游人，"婆娑于市，至晓不绝"。到了明代，吃月饼成为庆祝中秋的重要内容。据明人田汝成《西湖游览志余》介绍，每到中秋之夜，西湖湖面上赏月的游船，来来往往，穿梭而过；苏堤上踏歌玩月的人群，络绎不绝，"无异白日"。

进入清代，中秋节的规模和内容更加扩大和丰富，中秋节的北京城，到处充满了喜庆、欢乐的气氛。家家户户，向月而供，"焚香行礼"。此时与月神相伴的玉兔，在民间文化的塑造下，形象更加生动，清代潘荣陛的《帝京岁时纪胜》上说，清初京城人用黄沙土做白玉兔，并施彩绘，"千奇百状，集聚天街月下，市而易之"。晚清人对玉兔也亲爱有加，称玉兔像为"兔儿爷"。

根据中国的历法，农历八月在秋季中间，为秋季的第二个月，称为"仲秋"，而八月十五又在"仲秋"之中，所以称"中秋"。中秋节有许多别称，因节期在八月十五，所以称"八月节""八月半"；因中秋节的主要活动都是围绕"月"进行的，所以又俗称"月节""月夕"；中秋节月亮圆满，象征团圆，因而又叫"团圆节"。在唐朝，中秋节还被称为"端正月"。关于"团圆节"的记载最早见于明代。琼台玩月图《西湖游览志余》中说"八月十五谓中秋，民间以月饼相送，取团圆之意。"《帝京景物略》中也说："八月十五祭月，其饼必圆，分瓜必牙错，瓣刻如莲花……其有妇归宁者，是日必返夫

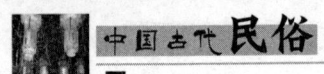

家，曰团圆节也。"中秋晚上，中国大部分地区还有烙"团圆"饼的习俗，即烙一种象征团圆、类似月饼的小饼子，饼内包糖、芝麻、桂花和蔬菜等，外压月亮、桂树、兔子等图案。祭月之后，由家中长者将饼按人数分切成块，每人一块，如有人不在家即为其留下一份，表示合家团圆。

中秋节时，云稀雾少，月光皎洁明亮，民间除了要举行赏月、祭月、吃月饼、祝福团圆等一系列活动以外，有些地方还有舞草龙、砌宝塔等活动。除月饼外，各种时令鲜果、干果也是中秋夜的美食。

重阳民俗

"又是九月九，重阳节，难聚首，思乡的人儿漂流在外头。"一首《九月九的酒》迷醉了多少游子的心，同时它又掀动了游子几多乡愁；重阳糕、菊花酒、茱萸佩，这一道道重阳风景，编织着多少漂泊者的故乡之梦。在社会人口大流动的当代，重阳，为离开乡土的人们提供了梦寻故土的感觉，重阳宣泄了思乡人的抑郁情感，抚慰了旅行者悬浮的心灵。重阳又是传统的祈寿之节，人们在感伤的同时并没有失去对新生活的期盼，重阳为眷恋生活的人们开辟了一片晴朗的天空。

每年农历九月初九，在秋高气爽、丹桂飘香的金秋时节，人们又迎来了九九重阳节。重阳一词的来历，据说是与《易经》上有"以阳爻为九"有关。以九为阳，两九相重即为重九；日月并阳，两阳相重，故九月初九即被称为重阳。重阳节，除称为重九节之外，还称为登高节、女儿节、茱萸节、菊花节等。这些叫法，均由节日的活动内容或主题而得名。

重阳节是我国汉族民间流传的一个古老传统节日，它的由来是十分久远的。一般认为，这个节日始于先秦时期，如屈原《远游》诗中，就有咏重阳的佳句。据晋人葛洪托名西汉刘歆所撰的《西京杂记》上记载说，西汉初年，宫中已有九月初九"佩茱萸、食蓬饵、饮菊花酒"的习俗。可见，这个节日在我国出现甚早。

赏菊是人与自然的交流。东晋文人陶潜在重阳节时沉浸在"采菊东篱下，悠然见南山"的意境中。唐代杜牧则追求"菊花需插满头归"的风雅。清代人把不同品种的盆菊放在庭院中，并给它们起了各种美丽的名称，如潇湘妃子、平沙落雁、杏林春燕、朱砂盖雪、玉池桃红、秋水芙蓉等。

第五章 古代节日民俗

古代，民间在该日有登高的风俗，所以重阳节又叫"登高节"。相传此风俗始于东汉。唐人登高诗很多，大多数是写重阳节的习俗，杜甫的七律《登高》就是写重阳登高的名篇卖重阳糕。登高所到之处，没有划一的规定，一般是登高山、登高塔。登高是一次富有诗意的远足，目标是经过认真选择的。魏晋时豫章郡（今江西南昌）人登高的地方是高峻有陂、山呈龙形的龙沙。临海郡（今浙江临海）人登高的地方，则是山头平整、可坐三四百人的湖山。在远足中，人们尽情地观赏金色的秋景，呼吸大自然的清新气息。重阳节还有吃"重阳糕"的习俗。讲究的重阳糕要做成九层，像座宝塔，上面还做成两只小羊，以符合重阳（羊）之义。有的还在重阳糕上插一小红纸旗，并点蜡烛灯。这大概是用"点灯""吃糕"代替"登高"，用小红纸旗代替茱萸。

重阳节插茱萸的风俗，在唐代就已经普遍。古人认为在重阳节这一天插茱萸可以避难消灾，大多是妇女、儿童佩戴，有些地方，男子也佩戴。重阳节除了佩戴茱萸，也插菊花。唐代就已经如此，历代盛行。清代，北京重阳节的习俗是把菊花枝叶贴在门窗上，"解除凶秽，以招吉祥"。这是头上簪菊的变俗。宋代，还有将彩缯剪成茱萸、菊花来佩戴的。

从历史记载来看，晋代是十分重视重阳节的，但是，直到唐代，才由大臣李泌奏请皇上，正式确立重阳节，官方布告民间重阳节为"三令节"之一。

重阳节在唐代被官方正式确立之后，迅速在民间流行开来。节日活动的内容，则沿袭了汉晋以来登高、饮酒、采茱萸等传统。人人都耳熟能详的唐代大诗人王维《九月九日忆山东兄弟》一诗，就充分反映了这一情况。

宋明以来，重阳节的活动，代代相传。据南宋人周密《武林旧事》记载，每当重阳佳节，南宋宫中总要安排"重阳排当"，以便游乐。宋代，还出版了有关菊花的专著《菊谱》。史书记载说，有的酒店在重阳时，还要用菊花扎出门洞，让客人在菊花中出入，增添节日的趣味性。宋人孟元老的《东京梦华录》和吴自牧的《梦粱录》中，对北宋东京和南宋临安的重阳风俗，也多有反映，说明重阳节活动在宋代已遍及南北，成为深入民间的一个重要节日。明代，皇帝每年重阳都要登万寿山、吃重阳糕等，民间百姓则登西郊香山，游报国寺，饮酒作乐。

进入清代，重阳节的活动，流行不衰，大江南北，同庆重阳佳节。

第六章

古代民间信仰与祭祀民俗

　　信仰是一种约定俗成的民间习俗,是人们的意识、心理、信念在社会生活中的反映。古代先民认为自然界万物均为有生命的灵物,即使普通的气象,也被神化加以崇拜。

　　祭祀是在社会生产力水平低下,人们无法解释生活中的吉凶现象下形成的,是人们屈服于自然力的表现,也是人们不能掌握自己命运的表现。从宗教象征的角度来看,祭祀是一种人与神之间的交换关系,即人们以祭品作为礼物奉献给想象中的神灵,以换取神灵的恩赐和消灾,从而满足主体心理上和情感上的需要。

第一节
古代民间崇拜与信仰民俗

古代民间崇拜与信仰

　　古代民间信仰的一个最大特点就是信仰的多元性、功利性。原始先民对大自然的神秘莫测、变幻诡奇，感到不可思议，在这种既好奇又恐惧的复杂心态下，他们把祭祀和巫术作为与宇宙、祖先交流的桥梁，希望得到大自然主宰者的赐予，由此出现了自然崇拜，并由信仰万物发展到图腾崇拜，而后又发展出灵魂、祖先崇拜等。在灵魂不死、万物有灵的思想基础上，衍生出了纷繁芜杂的种种社会习俗、禁忌、信仰等。面对不可知的人生与世界，人们很自然地寄希望于一些外在神秘力量的庇佑。正如柳宗元所概括的，当个人的力量不足以达到目标时，便要幻想借助于"鬼神"的帮助来实现。因此，在古代中国，几乎是家家户户都信奉神灵。当然，这些信仰之中包含很多迷信，如风水、卜卦、八字、相面、算命、测字、符咒、扶乩、圆梦等。但是这些旧习俗中也有很多朴素的民间俗信活动，如清明祭祖、供奉祖先、龙的崇拜、张贴春联等。

　　世界上各个民族几乎都无例外对神秘缥缈的"上天"保持高度虔敬的崇拜。直到今天，当人们感到震惊的时候，脱口而出的第一句话

土地庙

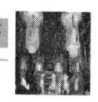

往往就是："天啊！"敬天还表现在崇拜日月星辰、风雨雷电等。太阳神的崇拜，可以从各地林立的"日坛"祭祀大典中体现，羿射九日、嫦娥奔月、月精蟾蜍、玉兔捣药、吴刚伐桂，都是人们出于对日月的崇拜而幻想的远古神话。崇拜月亮的习俗至今流传，并发展成为一个重要的传统节日"中秋"。从牛郎织女的爱情传说，还产生出了古代的"七夕"乞巧的节日。东青龙、西白虎、南朱雀、北玄武的四方神崇拜，是人们居家建房必先慎重选择的风水。金星、北斗星乃至流星，都被人们赋予了很多内涵，甚至形成了一门"星相学"。

远古先民不仅崇拜天，也崇拜地；不仅崇拜日月星辰、风雨雷电，也崇拜五岳四海、山河大川，还有鸟兽虫鱼、鬼神偶像等。天地往往并称，如"皇天后土""天公地母""社稷"，而且对地神也有专门的供奉，如对"地母""土地"，"城隍"，"田公田婆"，"土地娘娘"等的祭祀，就是对土地的崇拜。高山大川也是人们顶礼膜拜的对象，不但帝王渴望登临泰山封禅，祈求上天庇佑，民间百姓也信奉泰山娘娘、东岳大帝等，"泰山石敢当"的镇宅威力，至今显赫。行云布雨的龙王，保佑航海的妈祖，河伯水神山鬼，均被人们崇奉。在富有想象力的神话体系中，还有人面蛇身的女娲、人面龙身的伏羲、黄帝、神农、观音、狐仙、四灵（龙凤龟麟）、牛王、马王、蚕神、树神，甚至许多历史人物如孔子、关帝、七十二行祖师等也进入了神的行列。

在宗教信仰多元化的古代中国社会中，"不问苍生问鬼神"的态度向来为理性的知识分子所鄙弃。尽管古代先民对待鬼神的态度不同，或顶礼膜拜、崇信有加，或"敬鬼神而远之"，或"不语怪力乱神"，但民间对各方神明的信仰与崇拜却始终非常繁盛，从而使中国古代社会呈现出五彩斑斓的多元信仰。

鬼魂崇拜

在原始社会中，先民们认为人的精气为"魂"，肉体为"魄"，而人死后虽然肉体腐烂消失，但灵魂永存。灵魂不灭、万物有灵的原始世界观是鬼魂崇拜发生、发展的主要思想基础，也由此产生了神灵崇拜和祖先崇拜。

中国大约从旧石器时代晚期开始出现灵魂不灭的原始宗教观念，如西安半坡遗址出土的瓮棺上留有供亡灵出入的小孔，便是灵魂不灭意识的具体表现。新石器时代以来，神灵崇拜和祖先崇拜经历了从不成熟到成熟，从不完善到完善的发展过程。

《礼记》中说魂灵是万物死后的魂魄，"大凡生于天地之间者皆曰命，其万物死皆曰折，人死曰鬼"。这表明当时鬼魂有善、恶之分，善鬼是正常死亡的人或生前对人们有益的人，恶鬼、虐鬼则与之相反，是指那些有恶行或非正常死亡的人。那些不遵守氏族内部法规、有恶行而被流放或处死的人，还有那些因疾病、溺水等非正常死亡的人，他们不能按常俗埋葬，甚至不能葬入族墓地，其鬼魂便四处游荡作祟，祸乱人间。而正常死亡者，则可在族墓地安息，鬼魂也有善的去处。这种"鬼魂分善恶"的观念至夏商时期仍流行不衰。

基于鬼魂有善恶并具有超人能力这一原始观念，原始社会的人们相信本氏族中正常死亡者的鬼魂，特别是氏族中德高望重的首领与长者的魂灵具有庇护、降福于本族在世成员的超凡之力。为了获得他们的庇佑，便借助一些巫术手段进行人鬼交流，由此逐渐产生了具有善的特征的祖灵信仰和祖先崇拜。灵魂崇拜的产生使得当时的人们相信存在一个所谓"阴间冥界"，为使本族的鬼魂有共同的归宿，人们总习惯把死者集中埋葬在一个共同的族墓地里，免得鬼魂流荡失散，或遭到氏族外其他鬼魂的侵害。许多信仰和风俗习惯就由灵魂信仰派生出来然后代代相传。

阎罗王

"灵魂出窍"是指灵魂离开肉体后所产生的一种奇特的幻梦现象。灵魂出窍后，虽然能看到亲朋好友的言行举止、喜怒哀乐，但却不能与他们交谈。《聊斋志异》中的《席方平》一文记述了席方平为报父仇而灵魂出窍，直至复仇后灵魂才附体的故事。《促织》中成名九岁的儿子也曾灵魂出窍，化身为一只勇猛善斗的蟋蟀，一年后灵魂才又重新归附本体。"勾魂"则是指招引灵魂离开肉体，阴间的鬼吏将人的灵魂带到地府，也叫"勾魂"。《夷坚甲志》卷四《郑邻再生》讲了这样一个故事：阴吏错把江东的郑邻当作处州的郑林勾到了阴府，阎王一查生死簿，郑邻还有

18年的阳寿，只得将他送回人间。"招魂"即召唤各类因为受惊受伤而离身不归的灵魂，既可用于死者，也可以招唤生者。范成大在《桂海虞衡志》中记载了当时为远行者招魂的情景：有人出远门，家人就把妇人贴身的衣服放在竹篮中，派巫师提着竹篮去寻找，在前面走着导引其归家。

为了侍奉鬼魂，人们设立了鬼节及相应的仪式。农历七月俗称"鬼月"，七月十五日中元节俗称"鬼节"。民间相传从初一开始，阴间就会打开鬼门关，放出被禁锢的那些孤魂野鬼，让他们到阳间来接受祭祀。而人间为了免受邪祟鬼怪的侵害，也要相应地举行一些祭祀仪式，即所谓的"中元普度"，要摆设贡品，念诵经文，放河灯，焚法船，演唱"外台戏"，以讨好这些鬼魂，祈求他们不要危害人间。这个习俗始自唐代，宋代逐渐流行于民间。

在民间，家家则要上坟祭奠祖先。祭奠亡人最常见的方式要数放河灯了。人们习惯在木板上放五色纸，做成各色彩灯，内点蜡烛，有的人家还要在灯上写明亡人的名讳。依据灯的漂浮状况，来判断亡魂是否得救。如果灯在水中打旋，被认为亡魂让鬼魂拖住了；如果灯在水中沉没，被认为亡魂得到拯救，已经转世投胎了；如果灯漂得很远或靠岸，则认为亡魂已经到达彼岸世界，位列天国仙班了。总之，都是良好的祝愿。

鬼的模样没有人看见，因此，围绕着鬼总有许多故事可说。清蒲松龄写的《聊斋志异》可谓鬼怪故事的集大成。晋干宝《搜神记》有一个"宋定伯捉鬼"的故事，更是家喻户晓。人害怕鬼，鬼更害怕人，邪不压正，人们总有许多办法来破解鬼的邪术，传说鬼害怕桃木、人的中指之血、火、经书等。过去北京人有"灯下不说鬼""黄昏不探望病人"的风俗，可是有些时候不可避免要发生这些事情，或者为了追求刺激，故意在晚上听、说鬼故事，听众往往脊背发凉、毛骨悚然，以至于一个人竟然不敢入睡，害怕鬼怪来纠缠自己，于是就拿一本皇历书，或者用个碗之类的东西罩住灯光，据说这样就可以避免招来鬼。

有趣的是，尽管鬼总让人感到恐怖可怕，人们对鬼仍怀有一种不能割舍的情愫，比如"冥婚"，就是人们为鬼举行的婚礼，俗称为"鬼结亲""鬼亲""鬼婚""鬼媒"。《三国志》中就有这样的记载，曹操的爱子曹冲死后，曹操非常痛心，为他举行了隆重的葬礼，并"娶"了一个"甄氏亡女"与他合葬。更有甚者，有的人竟利用鬼婚来趋炎附势，攀结权贵。《旧唐书》记载，萧至忠曾把死去的女儿许配给韦太后死去的弟弟韦洵，两家结为"冥婚"。但是当韦太后失去权势之后，萧至忠竟然把女儿的灵柩挖出来，不再与韦洵合葬。

在民间，鬼魂信仰比神灵信仰影响更深更广，认为阴间是鬼的居所，并构建了一套相当完整的管理机构——地藏、城隍、阎王、判官、牛头、马面、无常、小鬼、孟婆等。人们常用阎王、地狱来劝人向善，宣扬因果报应、六道轮回。中国民间原以东岳大帝为阴间主宰，唐中期以后出现了地藏菩萨的传说。至宋代，对阎罗王的崇拜更为普遍。宋代正直贤德的名人死后做阎罗的传说也很多，寇准、林衡、包拯、范仲淹等都有类似传说。

知识链接

中元节祭祖

中元节的起源，应与中国古代流行的天地祭祖有关。道教盛行后，附会传统，创立了天、地、水三官神祇。据说天官生日在正月十五日，称"上元节"，其主要职责是为人间赐福；地官生日在七月十五日，称"中元节"，其主要职责是为人间赦罪；水官生日在十月十五日，称为"万元节"，其主要职责是为人间解厄。为与道教相抗衡，佛教起把七月十五日定为盂兰盆节。这是因为佛教提倡慈悲为怀，古印度雨季的三个月里，佛教规定禁止僧尼外出，据说外出容易伤害草木虫蚁，因此要求僧尼在寺内坐禅修学，接受供养，这段时期称为"安居期"。佛教传到中国以后，根据中国的季节变化，规定安居期为四月十六日至七月十五日。该节日的出现可能还与"目连救母"的佛教传说有关。大意是佛祖释迦牟尼的弟子目连（又名"目犍连"），看到死去的母亲在地狱里受苦受罪，惨不忍睹，便想尽一切办法相救，均告失败，最后只好求助于佛祖。释迦牟尼说，他的母亲生前罪业很大，不是一人之力能够拯救的，并告诉目连要在七月十五日，准备好饮食百味，供养十方僧众，借助众僧之力，才可使其母亲解脱苦难。目连遵嘱照办，果然奏效。这种佛教活动，被称为"盂兰盆会"。"盂兰"是古印度梵语的音译，意为倒悬，形容亡人之苦的佛事活动；"盆"是汉语，指盛放供品的器皿；"盂兰盆"即指可以解脱先亡人倒悬之苦。中国佛教借助儒家传统的"孝亲"观念，将七月十五日演变成了弘扬佛法的"孝亲节"，不仅得到了民间的欢迎，也受到官方的认可。各寺院于是在七月十五日举办盂兰盆会，念经超度亡灵，周围一些教民要到寺庙上供、放炮、祈祷，为祖先赎罪，祝亡人解脱。

祖先崇拜

祖先崇拜又称"祖灵崇拜"，是产生时间较早、流行时间较长、分布区域较广的重要崇拜形式，产生这一现象的最主要原因是古代先民相信祖先魂灵可以庇佑和赐福后代，也可以说，祖先崇拜是鬼魂信仰的升华。汉族人自古以来就有崇奉祖先的民族心理，形成了祖先崇拜的一系列民俗，有些保留至今。传说人类原始的始祖是盘古，中华民族的始祖是黄帝。而在古代社会，祖先崇拜则成为统治者进行宗法统治的工具。

祖先分为远祖的民族祖先和本民族的祖先，随着民族的分化产生了各个分支的家族祖先，如宗祠里供奉的祖先。在家族中分出若干小家庭，于是又出现了个体家庭的本家祖先。祖先崇拜主要是祭祀有功绩的远祖和血缘关系密切的远祖。直至当代，民间尊祖祭祀活动仍十分隆重，分为时祭、岁祭、堂祭、祠祭等。

古代先民的祖先崇拜，由崇拜女性始祖到崇拜男性始祖，并在祭祀仪式中举行庄重的祭祖仪式，形成了一套完整的祭祀制度。夏商西周继承并发展了祖先崇拜习俗，商代的祖先崇拜已完善到以男性为主、兼及女性祖先的崇拜。殷墟出土的甲骨文中，有大量的殷王对先公、先王、先考妣的频繁而隆重的祭祀记载，窥此一斑可知当时祖先崇拜之风是如何盛行与隆重的。在周代的祀典中，祖先崇拜附属于天帝崇拜。《诗经·小雅·楚茨》就是一首周王祭祀祖先的乐歌。周代贵族的祖先崇拜对象，大致分为两类：一是政治性的

中国古代民俗
ZHONG GUO GU DAI MIN SU

先王崇拜,即对本国君王的崇拜;二是宗法性的宗族祖先崇拜,即对本族已故首领的崇拜。

春秋时期的祭祖习俗,可分为丧祭和吉祀两类。丧祭对象为新丧的亲人,在服丧期间举行,属"五祀"中的凶祀。此后每年的祭祖,则属于吉祀,被祭对象包括一般祖先在内,通常在宗庙或家庙中举行。庙是供奉先祖神主之处。立庙有严格的等级礼制规定。《礼记·王制》说:"天子七庙,三昭三穆,与太祖之庙而七;诸侯五庙,二昭二穆,与太祖之庙而五;大夫三庙,一昭一穆,与太祖之庙而三;士一庙;庶人祭于寝。"

炎帝与黄帝石雕

秦汉时期,祖先崇拜已经成为最重要的民间习俗,受到人们高度重视。在当时,祖先崇拜是为了表达对祖先的尊崇以及加强宗族凝聚力的需要,是一种相当隆重正式的祭祀祖先的宗教仪式,通过对祖先的祭祀,可以得到祖先在天之灵对其子孙的庇佑,呵护家族的兴旺繁盛与世系传递。祖先神灵可以赐福给普通百姓,因此获得民间的广泛崇奉,殷勤祭祀。如《四民月令》记载说,东汉民间除每年二月、八月、腊月、父母忌日这四次较为正式的祭祀外,在一些节日还要举行祭祀祖先的仪式。反映在国家体制中,祖先崇拜则表现为等级森严的宗庙制度。在家天下的封建王朝统治下,古人认为"国之大事在祀与戎",把祭祀视为与军事战争并列的国家大事,宗庙制度成了国家社稷的象征。立太子、封诸侯、新君即位等都要向宗庙报告或在宗庙内举行,以示隆重。为此,国家设置了专门的机构掌管宗庙礼仪,如秦汉时期专设的"奉常官",后更名为"太常"。

魏晋南北朝时期,佛教东渐,生死轮回、因果报应、鬼魂存在观念十分盛行,反映在祖先崇拜上就是推崇、神化各自家族的祖先。尤其是帝王之家,其祖先不但被附会成为有神力的人,而且被子孙立庙崇祀。当时宗庙制度还是沿袭古制,规定帝王有七庙,奉祀七代祖先;诸侯有五庙,奉祀五代祖先;这些祖先按照左昭右穆顺序排列在宗庙内,接受子孙的供奉祭祀。

隋唐时期的祖先崇拜主要体现在祖庙制度上。帝王之家的祖庙,称之为

"太庙"，太庙内举行祭祀活动是封建王朝的大事，象征着国家的兴衰存亡。如783年长安失守，唐德宗出逃，长安收复后，德宗把祭祀宗庙、重新迎立祖先作为第一要务。而百官则有"家庙"，根据不同的等级享有建庙多少的权利，一品、二品官员可建四庙，三品官员可建三庙，五品官员可建二庙，一般士人建有一庙，至于最普通的"庶人"则没有建庙的资格，只能"寝祭"。庙祭一般在正月初一、秋分、夏至、冬至举行，称为"时享"，其中以正月初一的元正、冬至两个祭祀节日最为隆重。

宋代祖先崇拜之俗更加普遍，祭祀祖先被看作人与禽兽的根本区别，如果不能按时举行祭祀祖先的仪式将要受到世人的讥笑。当时不但士大夫阶层家祭盛行，一般百姓之家也非常重视对祖先的祭祀，而且以奉祀的祖先越多越引以为荣。为了攀比祖先，很多人不惜冒认祖先，牵强附会，被一些有识之士斥责为"淫祠之风"。

明清以后，祖先崇拜发展日甚，重要的民间活动便是祭祀祖先，在一些特定时日要举行各式各样的祭祖活动，形成了一些特定的祭祖习俗，如农历七月十五的中元节与清明节、农历十月初一合称"三鬼节"。而官府也往往在中元节举行地方厉坛的祭祀活动，以超度那些冤死的亡魂并祈求得到他们的宽恕与庇佑。

天地崇拜

天与地是古人心目中地位最高的自然神，承载和哺育了人类，最受人们崇敬。从西汉时期祭祀的时间顺序和隆重程度就体现出了天地的重要性，即"元年祭天，二年祭地，三年祭五帝于五畤。三岁一遍，皇帝自行，他祠不出"。

天地信仰是最古老、最根本的信仰。"万物本乎天"，在古代鬼神观念中，天是无所不能、无所不在的至上神。昊天苍穹的浩瀚无际，日月星辰、风雨雷电的奇幻变化，令古人不能猜透。天因此被看作自然和社会的最高主宰，民间称天为"皇天""上天""苍天"。然而这位至上神又不同于具有人身容貌、人格特征的基督教上帝与佛教的佛祖，它并非实在的人身，只是一个宽泛的抽象概念，却又真切具体地存在于人们的心里和口头。人们的生老病死、祸福吉凶被认为全部由上天支配。"苍天保佑"成为自古至今人们告祭上天最常用的口头禅；疑难之事众口莫辩之时，便要请求"苍天为证"；善恶报应只

信"苍天有眼",天信仰几乎渗透民间生活的每个方面。

早在夏商西周时期就出现了人格化的崇拜实体,如商代的神灵崇拜中出现了被认为具有至高无上权力的至上神——"上帝"。到了西周时期,"上帝"的概念便发展成为"天",天即天神,主宰着人间的一切,因此西周人通过一系列祭天仪式来体现对天的崇拜。西周诸王甚至自称"天子",这是当时流行天神崇拜的最好说明。天子祭天,通常是在王邑的南郊选择一个地点,起土为坛,按照时令而在冬季的某日祭祀,因为在郊外进行,所以"郊"成了祭天的专称。祭天是天子专利,但春秋时期各诸侯国君有时也祭。比如鲁侯作为周公之后,就享有这一特权。春秋以后,天神信仰渐渐社会化,种种天道灾祥之说开始产生。"天道赏善而罚淫。"孔子宣称:"获罪于天,无所祷也。"

秦国自春秋时襄公立国,至战国中期献公时,先后建有六处用来"郊上帝"的所谓的"畤",于是出现了一套新的天神祭祀体系,即"立春祭青帝、立夏祭赤帝、季夏祭黄帝、立秋祭白帝、立冬祭黑帝"。直至汉代,又建立起以太一为中心、以五帝为辅佐神的祭天体系。郊祭是历代君王祭天活动的基本方式。据《明史》记载,明太祖确立其郊天祭祀制度,并亲自分祭天地于京都(今江苏南京)南北郊。

民间对"天地爷"的供奉较为简陋,没有专门的庙祠,人们在春节时从市面上买一张木版天地神画,上有天公地母和一班人马,中间有一个写着"天地三界十方万灵真宰"牌位,被贴在屋檐下。有时甚至简单到一张黄裱纸上写一个天地神牌位,两边贴上对联:"天高悬日月,地厚载山河",横批"天地神位",下边放一张供桌,其上摆放香斗、供品、香烛。尽管如此简陋,民间仍奉"天地之神"为第一位大神,特别是在男女婚礼时,新郎新娘第一拜就是要跪拜天地,感念天地之恩德。

社稷神是华夏先民崇拜的自然神,"社"代表土地,"稷"代表谷物,祭祀社稷的场所也称社。由于社代表的是人们赖以依存的土地,稷代表的是人们赖以生存的食

天坛

第六章 古代民间信仰与祭祀民俗

物,土地和粮食又是国家的立国之本,因此,社稷便逐渐演变为国家的象征。

社祭是地崇拜的表现,是中国古代社会仅次于天祭的重要活动,往往与"天"并祀。社神是农业社会土地崇拜的产物,除主祭社神外,凡属地祇之神,如百谷之主的稷神,山林川泽、百物之神,均在社祭时供奉。《孝经》说:"社,土地之主也,地广不可尽敬,故封土为社以报功也。"《礼记》说:"社者,五土之神也。"社祭一年举行四次,依春、夏、秋、冬四季举行。但四次社祭的隆重程度有差别,孟冬之月的社祭称"大割",要宰杀许多牲口割而献功,最为隆重。社的祭坛用土建造,宋代改用石头,取其"坚久"之意。民间的社是祭祀百神的主要场所,乡社和里社由当地百姓自行组织,集体出钱祭祀。社祭场面热闹,往往是百姓人家全体参加,同时还举行田猎活动,共同向社神献上牺牲,以报答土地之功。

官方社祭庄重肃穆,要求君王仪态庄严,"端冕而祀之"。祭祀所用的牺牲也有专门的规定,"天子社稷皆大牢,诸侯社稷皆少牢"。猪是社祭时的必备牺牲。据说宋代张湍任河南司录时,正赶上当地府尹筹备祭社之事,祭祀用的猪在夜里突然跑进了张湍家中,他"即捉而杀之"。府尹赶来质问,他说:"律云:猪无故夜入人家,主人登时杀之勿论。"府尹只好再买了一头猪来进行社稷祭祀。

土地之神后来演变为崇拜管辖一个地方的人格神"土地公公",俗称土地爷、土地公,后来又添加上了土地婆、田婆、土地奶奶。明代民间常于田间地头进行祭祀,并建有专供祭祀的土地庙、土谷祠。春天耕作前向土地神求丰收,秋后又向土地神表示谢意,这就是"春祈秋报"。作为安靖一方的"室宅之神",遍布州县村镇,各州县有土地神,各村镇有土地神,各家各户也有土地神,或称"本县土地",或称"吾家土地"。城隍也是土地神之一。在历史上,一些名人也曾充任神主,如萧何、曹参、韩愈、岳飞等,都曾被一些地方祀为土地爷供奉。

自然崇拜

自然崇拜是对自然界万物之神的顶礼膜拜。神秘莫测的天神,远不如日月星辰、风雨雷电等天体、气象给人们的印象具体鲜明,自然崇拜更直接地表达出了先民们朴素的敬天思想。自然神是指被人们所崇拜的自然界的现象和物体，包括日月星辰、气象、火、土地、水、动植物等。在仰韶文化、大汶口文化和良渚文化的陶器、玉器上，常刻绘有太阳、月亮等形象，这被认为是原始祖先崇拜日神、月神的证明。

祭日活动是最古老的自然崇拜习俗之一。大年初一，早晨要迎日出，晚上要拜送日没。若出现"日蚀"，则认为是"天狗吃太阳"，人们心慌意乱，恐怖不堪，以为天帝将降祸患于人间。有一次，宋真宗准备过生日时，突然发生了日食，他以为自己做了什么错事让天发怒，竟然取消了这次生日宴庆活动。与太阳崇拜并列的是月神崇拜。月神即平常所说的月亮，又称太阴星君，神话故事说的嫦娥奔月、吴刚伐桂、白兔捣药等都是对月神而言。发生月食时，民间称作"天狗吃月亮"，人们要焚香祈祷，敲锣打鼓，高呼大喊，直至月亮重新出来为止。月亮崇拜的遗风至今可见，如八月十五中秋节拜月的习俗。

星辰布满广阔的天宇，时隐时现，变化莫测，使人难以解释其现象，于是产生种种幻想，把星辰神化。正如俗语所说："天上一颗星，地下一口丁。"也就是说，每个人都有一颗"本命星"，天上掉了一个星，地上就死一个人。并把星辰分为吉星与灾星，吉星有紫微星、文曲星、武曲星、牛郎星、织女星、太白星等，灾星有彗星、孛星等。故民间有"皇帝是真命天子，是紫微星下凡；将相是文曲星、武曲星下凡"之说。民间建房、立户都取紫微星照

果仙敬月图（杨柳青年画）

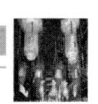

射之日，正如对联所云："合口正遇紫微星，修建恰逢黄道日。"彗星形状像扫帚，在民间俗称"扫帚星"。古人相信"天人感应"，认为彗星出现，象征不祥，总要郑重其事地记载下来。若翻查一下二十四史，就会发现很多关于彗星出现的记载。

风、雨、雷、电、云皆是自然界中的现象，这几种自然现象既能造福人类，又会造成危害，人们祈求"风调雨顺""和风细雨"，惧怕"狂风暴雨""雷鸣电闪""黑云滚滚""风动虫生""雷动人亡"，民间把此类现象神化，于是产生了风神、雨神、雷公、电母、云神诸类天神。打场时若风尘不动，人们即打口哨或唤"风来了，风来了"；天旱抬龙王祈雨，阴雨天制作"扫天婆"祈晴；祭河神以防洪水；天降冰雹时人们燃放爆竹，从屋内向外丢菜刀或摔火把，以阻止冰雹降落。人们长期以来都把雷公看成主持正义的神，专门击杀社会上不忠、不孝、不仁、不义，或犯有过错而在现实生活中未遭惩罚的人。

山岳川泽，处处有神。五岳四渎神被纳入了国家祀典，受到官方的春秋祭祀。五岳神是山神的代表，在东岳泰山、西岳华山、南岳衡山、北岳恒山、中岳嵩山，各立有岳神庙，分为五方，管辖全国。五岳中以泰山最为尊贵，被古人看作生命之神。其他四岳只在本境内立庙祭祀，唯独东岳庙遍布各地，称作"行祠"，东岳庙会成为全国性的祀神节日。水神是与五岳之神对应的四渎之神，分别为长江神、黄河神、淮河神、济河神。每逢旱涝之灾，皇帝便要颁诏祈请五岳四渎神保佑。沿岸居民、渔民、船夫和商旅，更是祭祀拜颂水神，以求平安。宋代还在京城设海神坛，海神被加封为王，如东海为渊圣广德王，南海为洪圣广利王，西海为通圣广润王，北海为冲圣广泽王。

祝融是专职的司火之神，俗称火德真君。如《墨子》载："天命融（祝融）隆（降）火于夏城之间，西北之隅。"其他民族也有崇拜火的风俗。如蒙古人认为火是圣洁的象征，世上万事万物都可以用火净化，有让使者通过火堆之间以除不祥的习俗。

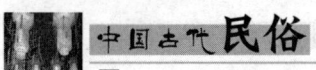

知识链接

龙图腾崇拜

图腾源于北美印第安人的方言，一般专指某个民族的标志或图徽。原始人群或部落对某种动物或植物表示崇拜，即为"图腾"。

中华民族的龙图腾，是一个文化象征符号，现实世界上并不存在这样庄严神奇、能腾云降雨的"龙"。

龙图腾是五千年来民族文化与民族审美意识不断冲突与融合的结果。研究者认为，龙图腾经历了三个演变阶段，春秋之前的"古代龙"蛇首兽身，粗野狂放，是第一个阶段；战国至唐末的"中世龙"是第二个阶段，龙由爬行开始飞腾，气势昂扬；第三个阶段是宋、元、明、清的"现代龙"，威严尊贵，形态成熟。

龙图腾是一种民俗文化，龙的崇拜广泛流传于民间。在盛大节日中，舞龙是驱邪纳吉的求福之举。赛龙舟活动家喻户晓，《穆天子传》说："曾有周天子乘龙舟浮于大沼。"吴王夫差作天池，乘龙舟日与西施戏水。龙舟竞渡到唐宋已风靡一时，以五月端午最盛。明熹宗曾经坐在龙舟上亲自击鼓为龙舟竞赛助威。清帝国则以龙作为国徽。龙成为中华民族集体崇拜的象征，"望子成龙""乘龙快婿""龙马精神"等成为人们的理想追求和良好祝愿。

龙图腾是多种图腾崇拜的结合体。一般而言，构成龙的是牛头、猪嘴、蛇身、鱼鳞、龟颈、马鬣、鸟爪、羊须、鹿角、狗形这十个部分，分别象征着农耕文化、饮食文化、性文化、生殖文化、养生文化、英雄崇拜、官本位文化、君子风范、忠诚道德。因此，龙图腾体现着中国文化的包容与和谐两种基本精神力量。今天，炎黄之孙对龙的崇拜已上升为爱国的象征。

第六章 古代民间信仰与祭祀民俗

俗神信仰

民俗诸神指民间广泛信仰的各种神灵，它与人们的生产、生活紧密相关，常以民众保护神的形象出现。民间有一系列俗神为人们所信仰，如福禄寿三星、喜神、财神、门神、送子娘娘等。这些俗神有的虽然也列入官方祀典，但其民间意义更强。无论什么神灵，人们都要举行一定的接神仪式来恭迎。

为了祈求全家得到神灵的庇佑，最直接的办法就是把各位神祇恭迎到自己家中虔诚敬奉，这就产生了接神仪式。接神仪式，即迎接天地之间各位神仙的仪式，多在春节年关时举行。据说除夕夜至初一早晨诸神下凡到人间，考察人间善恶，因此人们都在这时迎接神灵回家，并希望得到神灵的庇佑。接神仪式比较隆重，除了供奉各种美味食品外，供桌前还要摆设香炉、蜡扦、花筒或香筒等。烛台下面要压上黄钱、千张、元宝等，称为"敬神钱粮"。供桌前地下要摆放蒲团，供跪拜之用。家宅六神如灶王、财神、土地等均须供奉。如果家中没有常年供奉的神像，也要在除夕临近时设天地桌，摆上祭器、陈列供养、悬挂钱粮、烧香秉烛。所供神像没有一定之规，一般是天地爷和诸神的画像或瓷像，同时在院内正中摆设香炉，然后焚香祷告，等待诸神的光临。接神仪式一般由年长辈尊之人主持，先查好喜神、财神、福神以及阳贵、阴贵诸神的方位，然后主祭者举香到院中，向各个方位依次叩首，表示恭迎诸神。礼毕，举香回到堂上，插入香炉，再三叩首，全家按尊卑长幼次序三叩首，作揖。叩首三次，是因民间有"神三鬼四"之说，讲究对神灵三叩，对鬼魂四叩。然后将黄钱、千张、元宝等拿到院中焚化，最后燃放鞭炮，表示接神仪式完毕。当然，各地的接神仪式也有差异。

生前有功之人，死后方能为神，这是中国造神的准则。如抵御大灾难、造福一方的英雄，就有资格成为人们心目中的神。社会百工技艺行行有神，都有自己的祖师爷或行业神，既有一行多神，也有多行一神。在人神信仰中，所供神灵大部分是历史人物或传说中的人物，如"先贤名哲道德之士""御灾捍患以死勤事功烈之臣"，这些圣贤之士、忠烈之臣都可以成为神，其祠庙有官方建立的，也有民间建立的。如祀典中太学要祭先圣文宣王孔子，从祀的有亚圣、十哲、七十二贤，各州县学均有先师之祭。武学祭祀昭烈武成王

（姜太公），配张良及历代忠臣烈士。除学校集体祭祀先贤忠义之人外，民间各地也有圣贤的祠庙，如杭州有禹王庙、留侯祠、萧相国祠，真定有赵普庙，熙河有王韶庙，定州有韩琦庙等。对关公的崇拜更是遍及全国，播及海外。其他如二郎神、东岳大帝、姜太公，也都是中国普遍崇拜的神。在民间巫觋的神龛里，魏征、唐僧、孙悟空、薛仁贵、樊梨花、赵匡胤、杨宗保、穆桂英、包拯、济公等，也都是座上神灵，各有神能，充分表现出中国造神的随意性和功利性。

关圣大帝，或称关圣帝君、关帝、关公等，是三国时期蜀国的五虎上将之首，从唐代以来受到历朝各代帝王的加封，直至"顶天大帝"，号称"武圣"，与孔子"文圣"相提并论，是最受尊崇的神祇之一。

海神妈祖原名林默娘，是宋代福建莆田湄洲的一位地方性民间女巫。传说她秉性聪颖，善观天象，救人济世，降妖除隆，治病救人。死后经常显灵拯救海难，护佑船只，被人们尊为"海神"。此后数百年间历经加封，南宋封为"灵惠妃"，元朝封为"天妃"，清初晋升为"天后"，由民间祭祀上升为官方祀典。妈祖成了海神的代称，为中国、东南亚甚至欧美等很多国家和地区的人们，特别是渔民、船民、舟商、华侨、华人所信奉，成为凝聚世界华人的和平女神。

玉皇大帝，简称"玉帝"，只是道教创造出的神话体系中元始天尊的属下，"三清"的第二位，但民间却把他奉为天庭诸神的首领。唐玄宗李隆基把玉皇大帝的诞生日定为正月初九，象征着玉皇大帝与天一同诞生。此后经过历朝各代帝王的加封，以及道教的发挥和民间的推崇，最终确定了玉皇大帝至高无上的神位。在每年的正月初九，全国都要举行祀典活动，"迎神作醮"的仪式接二连三，人们向玉皇大帝祈求风调雨顺、五谷丰收、人畜平安等，这一活动通常持续半个月甚至数月之久。

碧霞元君，又称为"泰山娘娘"，全称为"东岳泰山天仙玉女碧霞元君"，即北方民众俗称的"娘娘庙"里的"娘娘"，碧霞元君在北方广为流传，法力无边，山东地区对她的信奉尤为盛行。据说碧霞元君是妇女儿童的保护神，司送子、生育、全家平安健康等。其神像多为一女性手抱男婴，祥云缭绕，因此人们又称其为"送子娘娘"。泰山松树枝杈之间往往压着许多石块，据说此俗即祈子。据史料记载，宋真宗东封泰山后，在池边洗手，看到一尊玉女石像从水底冉冉浮起，认为是神女显灵，便册封其为"天仙玉女碧

第六章 古代民间信仰与祭祀民俗

霞元君"。其实碧霞元君是明代改泰山玉女祠为碧霞灵应宫以后的称呼。当然,南方的海神妈祖、顺懿夫人等也有此封号,但是随着"泰山娘娘"的香火日渐隆盛,碧霞元君的封号也就成为其专称了。

每年的春节,人们总要在迎门墙上、厅堂、厨房、床头等处倒贴一"福"字,称之为"福到了",意在祈求福神赐给福祥。据说这位"福神"是"天官",因此有"天官赐福"之说,他是人们的家神之一。也有人认为福神是"蝙蝠"的化身。而且"福"字往往无头,象征着"福寿无穷"。其实福神的神主,据《新唐书》记载,是唐德宗朝的道州刺史阳城。阳城矮胖,其所辖的道州城多侏儒,皇宫每年都要从该地挑选几百名侏儒进宫做奴隶,阳城抵制了皇上"岁贡侏儒"的诏令,受到了道州百姓的尊崇,此后阳城便被民间奉为福神。宋代民间则以真武为福神,将真武神像挂在床头,早晚焚香祷请祈福,后来相沿成为风俗。

万回哥哥是古代的欢喜神。传说万回姓张,唐朝人,行走如飞,往返一日,可行万里,所以被称为"万回"。宋朝人对他十分恭敬,腊月间祭祀祖先也许可以敷衍了事,但是对万回哥哥则每饭必祭。万回哥哥的神像是"蓬头笑面,身著绿衣,左手擎鼓,右手执棒",民间把他作为"和合之神"供奉,认为供奉他,可使远在万里之外的亲人回家团圆,这是万回的另一个来由。万回哥哥对饱受战争流离之苦的百姓来说,无疑是一位善良的和平喜神,因此人们又根据"和合"的含义,将万回奉为"欢喜之神"。

灶神在民间最为普通,俗称"灶王爷",雅称"东厨司命",具有三种职能:一是掌管饮食,二是司掌命运,三是监察善恶。可见灶神是"监察员",负责记录人间善恶。灶神的前身大概就是原始人的火塘神。灶神信仰属于天子七祀和诸侯五祀之中,庶人只有一祀,或是立灶,或是立户,自古就是民间信仰的主

妈祖

要神灵。民间对灶王爷都非常笃信虔诚，祭祀奉事非常殷勤。从魏晋到唐宋甚至是现在都盛传灶神夜间或者择日上天汇报人间的善恶，并演绎出许多民间传说。灶神被供在各家各户灶头，每年腊月二十三上天，大年初一再接回来。送行时一般要用香火、糖稀（即麦芽糖），糖稀既可作为"贿赂"，请他"报善"；又能粘住灶神的嘴巴，避免他"报恶"。祭祀通常由男人主持，女人要回避，但在山东一带多由妇女主持祭祀，还要烧钱供酒，"送君醉饱登天门"，此外还要在灶神像两侧张贴对联"上天言好事，回宫降吉祥"。

门神也是民间信仰的重要神祇之一。古代流行的门神有两种，早期是神荼、郁垒，唐代以后门神形象改为秦琼和尉迟敬德。民间将他们的像，彩印于纸上，贴在门板上。后来，门神的队伍越来越庞大，刘关张、孙悟空、水浒一百零八将、钟馗等都成为门神。据说，其中以钟馗最为灵验。元代民间流行的门神不只是秦琼和尉迟敬德，还有一些人家以"八仙"中的汉钟离、吕洞宾为门神，画在门额上。有些酒槽作坊，则在门首画四公子像：春申君、孟尝君、平原君、信陵君。民间还有一些人家在门上画鸡以避鬼祟，门上画鸡可能与古老的图腾崇拜有关；或取"鸡""吉"谐音，或因鸡能报晓，驱走一切魑魅魍魉，禳灾避邪。山东一带民间流行在门上贴有喜庆内容的年画，如刘海戏金蟾、福禄寿三星等。

城隍神是土地神的一种，不过通常只在城市中供奉、祭祀，所以被认为是"都邑之神"，是地方市民的"保护神"。随着城市经济的发展，城隍受到越来越多市民的崇拜。城隍庙最早建于西汉，唐代以前还不多见，只是在南方某些城市有修建。宋代时才大为兴盛，城隍从此遍布大小城市，各州县皆有城隍庙。城隍本是城池神，后来主管城市的一切，明代以后又兼职管理孤魂野鬼。

佛教传入中国后，佛教传说中的一些得道高僧也被赋予了法力，受到人们的崇拜。观音信仰在民间的传播就是佛教中国化进程的最明显的表现。观世音菩萨，简称为"观音"，是梵文的意译，亦称光世音、观自在、观世自在，因唐朝避太宗李世民的名讳，将观世音略称为观音，是人们最为熟悉、最感亲切的一尊菩萨。据印度传说，观音菩萨原是转轮圣王无净念的大太子，他与其弟一起修行，成为"西方三圣"之一。观音具有"大慈与一切众生乐，大悲与一切众生苦"的心怀，有普度众生脱离苦海的德能，有三十二种化身和救十二种大难的神通。自隋唐以来，佛教兴盛，观音信仰随之在民间流传，

第六章 古代民间信仰与祭祀民俗

其形象也逐步脱离了印度传说的模式，被中国化为女性形象。据说唐朝画家阎立本年轻时画了一幅普陀观音大士画像，画中的观音菩萨头戴珠冠，身穿锦袍，酥胸微袒，玉趾全露，右手执枝，左手托净瓶，栩栩如生，经常显灵。后来由一位老石匠参照此画像雕刻成了扬枝观音碑，闻名一时。

行业神信仰

行业神是从业者根据自己的需要和一定的标准，人为造出来的神祇。这些神祇包括传说中的神灵和被神化了的历史人物。供奉的行业神，可以一业一神或者多神，也可以多业一神。如木匠供奉鲁班，笔业供奉蒙恬，纸业供奉蔡伦，染业供奉梅福、葛洪，成衣业供奉黄帝、伏羲、神农，制墨业、理发业、医药业供奉吕洞宾，铁匠、铜匠、金银匠、补锅匠、采煤业供奉太上老君，而关帝、财神等则被多种行业同时供奉。尤其是关帝，几乎在中国南北的大小村镇各行各业均有奉祀。

敬奉行业神习俗的流行，反映了商业的兴盛。商业方面，祭奉财神赵公元帅之风颇盛，而且各业商人又各自敬奉不同的本行业神。如徽商中的木业商人供奉关圣、宋子神位，定期进行祭祀。典当业商人供奉的神有多位。在明清时期，当铺房屋的设置均有一定规则，柜房（对外营业室）的照壁顶部要设一神龛，内供奉三位财神：赵公明、关羽、增福财神。号房（保管抵押物品的库房）中有两个神龛：一供火神，另一供号神。供奉火神，是为了防止店铺失火。供奉号神，是为了祈祷鼠类不要损害当铺的物品，号神又称"耗神""耗子神"，即"老鼠神"。祭耗神是当铺独有的传统，每月初二、十六焚香祭祀，平时每天由店伙、学徒烧香、祈求。当铺对号神恭敬有加，小心礼拜，认为养猫是敌视耗神，打老鼠更是大逆不道。当铺存放大批抵押物品，最怕火灾，又怕老鼠啃咬，当铺又放发高利贷，急盼发财，也对财神祭祀。因此当铺平日均供奉此三神。这是由其店铺的逐利性质所决定的。年节时，供奉祭祀礼仪更隆重。

此外，纺织业的行业神是黄婆神（黄道婆），陶瓷业的行业神有火神、碗神、陶正，酒业有杜康神等，酿制业的行业神有醋姑、酒仙神。水运行业供奉妈祖、洞庭龙王、杨泗将军等，狩猎行业供奉伏羲、梅山、涉猎师爷等，孵坊业供奉张五、尉迟恭、陆相公等，阉割业供奉华佗，采参业供奉老把头、

173

山神、土地神、五道神等，果农供奉橘神、太阳神、园林神等，采菇业供奉吴三公、刘伯温等，花业供奉花王、十二月花神、李姓花神、陈维秀、百花众神等，梨园业供奉二郎神、唐明皇、田窦二将军、李龟年、观音、八百婆婆、五大仙等，油漆、绘画行业供奉吴道子，冶铸业供奉投炉神、罗煊、太上老君等，香烛业供奉关帝，屠宰业供奉樊哙、张飞、关羽、玄天上帝、三圣财神等。对于这些行业神，崇拜礼仪甚隆，祭日则各有别。

乡村民间供奉、祭拜的行业神有八蜡、伏羲、神农、后稷、土谷神、社神、青苗神、雹神、虫神、圈神、塘神、棉花神等。人们对八蜡神的祭祀，起源很早，并且列入了国家祀典。所谓八蜡，一般是指八种农事神：先啬、司啬、农、邮表畷、猫虎、坊、水庸、昆虫。每年十二月进行蜡祭，这是一种酬答色彩十分浓厚的祭祀行业神活动，所供奉的神灵，除了农业害虫之外，就是对农业生产有帮助的。伏羲、神农、黄帝，三者或单独或一起被供奉为农业祖师，或配享十四神，合称"三皇十四配"，各地建有很多三皇庙、三皇祠。有些地区供奉后稷为农业祖师，传说他首先教会农民种田。每年中元节这天是祭祀的日子，届时要把一些生长不好的作物悬挂在门上，表示自己庄稼种得不好，恳请他再来传授自己一些种植窍门。

元明清时期，棉纺织业最发达的地区是松江、上海、嘉定、太仓一带，该行业供奉的行业祖师为黄道婆，又称为"黄婆"，民间称为"黄母""黄娘娘""黄道先婆""黄小姑"等。黄道婆是元代著名的纺织家，她将从崖州黎族地区学到的纺织技术传给了松江乌泥泾人，促进了松江等地棉纺织业的发展，乌泥泾名满天下，因而被奉为这一行业的祖师。

黄道婆

第六章　古代民间信仰与祭祀民俗

> **知识链接**
>
> ### 马王爷三只眼
>
> 马、骡子、驴等是古代社会重要的交通、负重、耕作、战争工具，与此有关的行业也非常多，如政府有主管马政的官衙、驿站，民间有马骡驴商贩、驮运帮等，都供奉"马神"。马神又称为"马王""马祖""马王爷"等，民间还有马明王、水草马明王、青山水草马王等名号，被认为是主管马、骡子、驴以及一切飞禽走兽的神祇，还被奉为祖师。明清时期京师以及各地掌管马政的衙门，多设有马王的祭祀。每年六月二十三日，祭祀马王，这一天被认为是马王的诞生之日，又称为"马王节"。马王神的塑像一般有四条胳膊，三只眼睛，面目狰狞，因此民间有"马王爷三只眼"的说法。

第二节　古代祭祀民俗

祭礼的起源与发展

祭礼起源非常遥远，恐怕是所有礼仪中最先发展起来的。自然界不可思议的力量和现象，使远古先民对自然天地产生一种敬畏和崇拜，而灵魂不死的观念也使古人对鬼神采取了虔敬的态度。人们往往把吉凶祸福倚托于天地鬼神的帮助或恩典，所以常常要进行祈求保佑、表达崇敬的活动。

祭祀是在社会生产力水平低下，人们无法解释生活中的吉凶现象下形成的，是人们屈服于自然力的表现，也是人们不能掌握自己命运的表现。

祭礼在远古时代对象很广，从天地自然到精灵鬼魂，从远古祖先到动物植物，都可奉作祭祀的对象。但随着人们理性的觉醒，尤其是随着血缘宗法社会的形成和发展，祖先崇拜压倒了对天神的崇拜，即使后来仍有对天地自然的祭祀，也多和祖先崇拜联系在一起。此时先王先祖和天地自然是合为一体的。至周代，祭祀之礼的种类已很多了，其仪式也已非常繁杂。

祭，简单地说是指通过一定的仪式，把规定的祭物献给崇拜的对象。祀，原先专指对祖先的祭祀，后来也泛指祭祀。

在中国古代，不论哪个朝代，祭祀都是国家的头等大事，从自然界的天地日月山林川泽，到冥冥中的祖宗鬼神，无不虔诚祭祀。祭礼分为大、中、小三种：大祭指对天、地、先王的祭祀，中祭指对日月星辰、社稷、五岳的祭礼，小祭指对专门司管风、雨、山、川的风师、雨师等神祇的祭祀。祭礼数目繁杂，而且有许多礼制规定。比如，周礼把祭祀和宗法制度结合起来，规定了天子祭天地，诸侯祭山川，大夫祭五祀，士祭其先人的制度，不得僭越。所以，祭祀不只是民间活动或自发的宗教活动，它很早就开始和宗法社会的政权、神权、族权等结合在一起。

祭祀之礼完备于周代，周代的祭祀礼制对后世产生了巨大影响。秦汉以后，血缘宗法社会组织进一步稳固，血缘观念进一步增强，随之祖宗崇拜、祭祀先祖的活动也就更多地融入社会生活中。唐代以后订立了祀典，祭礼更加完备了。到了宋代，仅"大祀"之礼就增为四十二项。及至明清祀典，宗祖祭祀更是遍及乡里。周代规定的许多祭祀礼规已不再有严格的约束力。先秦时代，在一个宗族内部，只有取得了一定地位的族长，才有主持祖宗祭祀的资格，而到了明清时代，祭祀的资格和权力已不再那样严格限制了。

总之，祭祀之礼是礼仪中最重大的一种古礼，它对中国古人的生活方式及文化观念都产生了很大影响。有些祭祀已逐渐发展成为我国传统节日中的祭祀节日。如扫墓上坟祭祀先人的"清明节"、五月初五祭奠纪念屈原的"端午节"等。

归纳起来，古代祭祀就大约可分作三大类：祭祀天地、祭祀鬼神、祭祀先祖。

中国民间祭祀的产生与发展

1. 原始时代的祭祀活动

中国民间祭祀的历史非常久远。旧石器时代北京山顶洞人就有在死者身边抛撒赤铁矿粉末及放置首饰的行为，新石器时代中国大地上更是普遍出现了祭坛，无可置疑地见证了原始社会古老的祭祀仪礼。据有关研究，中国新石器时代的祭坛可划分为三个阶段：早期距今约10000～7500年，以南庄头、甑皮岩和仙人洞遗址为代表。中期距今7500～5000年，以后李文化、兴隆洼文化、河姆渡文化为代表。晚期距今约5000～4000年，以仰韶文化、大汶口文化、红山文化、龙山文化和良渚文化为代表。广泛分布的祭坛，显示了原始社会时期祭祀活动的频繁及其在生活中的重要地位。

关于中国原始祭礼的遗迹，不仅有考古遗址为证，而且有文献的记载。千古奇书《山海经》中对原始的祭礼有许多描述，该书记录了上百个中国古代族群或部落、550座山、300条水道的地形地貌以及天文、地理、宗教、祭祀、神话、民俗、人种、动物、植物、矿物、药物等方面的情况，几乎涉及了当时人们对于世界的所有知识。其中几乎每一座山脉，都有关于那座山的山神长得什么样子，必须怎样祭祀的记载。如《南山经》中叙述南方第一条山系后总结说：从鹊山开始，从招摇山到箕尾山，共有十座山。山神的样子都是鸟的身体、龙的脑袋。祭祀它们的典礼，是用一片璋、一片玉，与祭品猪、鸡、犬、羊等一同埋在地里，祭品中还有稻米，并以白茅做神的坐席。而《西山经》中叙述了西部第一条山系后总结说：这里以华山为众山之主，祭祀它必须备齐猪、牛、羊三牲；而羭山是神灵显应的山，祭祀它要用烛，斋戒一百天，用一百头牲畜，地里埋一百块瑜，烫一百樽酒，陈列一百块珪和一百块璧。

祭典仪式

坟前祭品

2. 夏商周三代祭祀活动

处于中国奴隶社会的夏商周时期，祭祀活动十分频繁。夏朝是我国第一个奴隶制国家，尽管文献对夏朝的详细情况记载很少，但仍可肯定当时已有了天帝崇拜。殷商时期，人们已经普遍相信天帝，在殷墟卜辞中，可以看到天帝的权力极大，它主宰着整个自然界和人世间。这其实是在古代信仰的基础上，统治阶级综合了各种崇拜所创造成一种极端，是维护奴隶主统治的一种新型奴役工具。因而，祭祀天帝被认为是不可或缺的大典。西周统治者继承并发展了天帝崇拜的观念，形成了较为系统的天命论。周人起初之所以要强调"天"，是由于政治上的需要，是为了表明周接替殷进行统治，是秉承天命、顺应天意的。但是周人与殷人对"天"的态度还是有所不同的，殷人似乎从未公然怀疑过天帝，周人却时时流露出对"天"的怀疑甚至否定。当然周人的这种怀疑只是限于统治阶级，而对整个社会还是要大讲天命的。因为他们认识到只是简单的迷信天帝，而不敬德保民，那么国运不会长久，但简

单的否定天帝，也会对统治不利。夏商周时代，人们不但崇拜天神，而且相信人鬼。他们认为人总有一死，死后其魂为鬼。关于鬼神，古人似乎认为神住天宫，鬼居地府，但其实又无严格界限，难以定论。上古时代，人们往往把历史上有过重大贡献、受人爱戴的伟大人物尊奉为神，而把芸芸众生、各色人等死后之魂归之为鬼。但无论神鬼，都会在冥冥之中对人间施加作用，因而都不能得罪，只能祭祀。到了西周末年，由于奴隶制经历了严重的危机，随着怀疑天命的思想出现，不信鬼神的倾向也有产生。与敬天祭祖相关的活动还有卜巫。占卜是原始社会发展到后期，人类在长期的社会实践中不知不觉建立起来的一种认识事物的方法。巫师将卜辞刻在用来占卜的龟甲或兽骨上，就是今天所说的甲骨文。正是当时大量的祭祀活动，才使得今天出土了大量的刻有文字的龟甲兽骨。从这些古老的记载可以看出，当时人们祭祀的对象很广，既有天上的上帝与日月星辰，地上的山川河流，也有死去的先祖。与甲骨文同时存在的还有大量的献祭的青铜礼器，如鼎、豆、爵、尊、壶、盆、盘等，这些青铜器上常常刻有文字，就是我们所说的金文。甲骨文和金文记载了中国奴隶社会的历史，也是这个时期祭祀活动的鲜明实证。

3. 春秋战国及其以后的祭祀活动

春秋战国时期是我国古代从奴隶社会向封建社会的转型时期，统治阶级对祭祀在治理国家中的作用更加重视，也很自觉地引用祭祀来教化民众。春秋时期周王朝的内史曾对周襄王说：古时候，先王得了天下，立下了对天帝的崇拜和信仰制度，于是有了朝拜日、夕祭月的仪式，"以教民事君"。孔子更是将礼治上升到理论的层面，认为治理国家必须要重视礼，礼是治理国家的根本。这段时期形成了奠定中国两千多年礼俗制度的"三礼"，即成书于西周至秦汉之前的《周礼》《仪礼》《礼记》。这三本书继承了上古时期的祭祀习俗，将其系统化、规范化，渗透到俗民的日常生活之中。据《国语》记载，后来甚至形成了这样一种场面：每到过年时，朝廷忙于蒸煮牺牲，老百姓也家家户户准备祭品，庄严而肃穆地举行各种祭祀仪式。连国君和夫人都要亲自去宰牲口和蒸煮祭品。百姓们更是很虔诚地进行祭祀活动。"三礼"所制定的祭礼活动，带有鲜明的农耕文明色彩，它依农事需要与忙闲而设，四时祭祀的对象与重点也多与农事和家庭生活相关。

南北朝时期，民族战争加快了各民族之间民俗的融合；同时，由于战乱

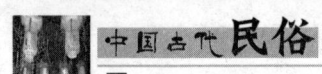

而引起宗教的兴盛，道教和佛教广泛传播，也对中国传统的信仰产生了深刻的影响，这些因素导致了民俗的变迁与重新整合。具体地反映到民间祭祀上，主要有两个变化：一种变化是在传统的祭礼中增加了新内容。如有学者研究，端午节就是北方移民大量涌入荆楚地区，在南北文化的交融下，由古代的五月节习俗复合而成的。民间祭祀的另一种变化，就是庙会文化的形成。它是由一些新的宗教带来的，如佛教的四月初八浴佛节和七月半盂兰盆会，后来逐渐在民间形成十分盛大的庙会文化。

中国封建社会的民间祭祀，在明清时期达到顶峰。在近代，随着中国社会文化巨大的变革所带来的急剧社会变迁，民间祭祀也发生着很大变化。特别是新中国成立后，随着人们科学文化知识水平的迅速提高，民间祭祀正在逐渐消失，有的在形式上简化，有的在功能上有些转换。当然，由于传统的惯性以及当代社会中人们在困境面前仍然需要来自神怪世界的精神寄托，一些传统的民间祭祀活动在民俗生活中仍有相当的活力。

知识链接

拉祜族祭太阳神

澜沧县拉祜族太阳神庙，建在背东向西的山坡上，除了在右头顶上留着智慧之辫的祭司能进去之外，任何人严禁入内。

祭太阳神庙时在立夏日，拉祜人说，这是一年中太阳赐光最多的一天。凌晨，妇女们手持竹箩，内装爆米花，围着寨心桩边跳边撒，敬献神灵，祈祷年丰。跳完，男人们敲着锣鼓，手持长刀，列队向山坡行进，先到太阳神庙下方的祖庙里烧香磕头祭祀祖灵，然后到太阳神庙，列队庙旁，举行祭祀。祭司念咒，人们边唱边歌，边撒爆米花。此时太阳偏西，阳光直射神庙，金色的阳光、雪白的米花映衬着人们肃穆的面孔。直到祭司念完咒语祷词，人们把爆米花全部撒完，太阳落山，整个仪式才告以结束。

4. 中国民间祭礼的类别

中国各民族祭礼非常繁复，从不同的视角去看，可以分成许多不同类别。

从祭祀的目的来看，大致可分为两大类：一类是祈福祭仪，即生活中并未出现现实困境时进行的日常祭祀活动。如节日时的祭祖，商铺开业时的拜财神仪式等。另一类是避祸祭仪，此时祭祀者已面临现实的困难，祭祀仪式往往有着明确而直接的目的，期望通过祭祀仪式来改变已经或即将出现的危机。

从祭祀对象来看，主要有自然界的神灵与社会性的神灵两类。以纳西族的原始祭礼为例，其中的祭仪大致分为图腾崇拜、自然崇拜、生殖崇拜、女神崇拜、村寨与氏族保护神崇拜以及鬼魂崇拜七大类，其中前两类主要是自然界的神灵，后面几类主要是社会性的神灵。

从祭祀方式来看，可将宗教仪式从总体上分为两种：一种是消极的，即在仪式过程中尽量表现出对神谦恭、节制的态度，如实施某些特殊的禁忌、净身、禁食等。另一种是积极的，即利用种种方法去驱使或感动神灵，促其帮助达成自己的愿望，如献祭、诵经咒、表演、模仿等。

图片授权
全景网
壹图网
中华图片库
林静文化摄影部

敬　启

本书图片的编选，参阅了一些网站和公共图库。由于联系上的困难，我们与部分入选图片的作者未能取得联系，谨致深深的歉意。敬请图片原作者见到本书后，及时与我们联系，以便我们按国家有关规定支付稿酬并赠送样书。

联系邮箱：932389463@qq.com

参考书目

1. 郭爽著. 中国民俗文化丛书——民居民俗［M］. 天津：天津人民出版社，2012.
2. 柯玲编著. 中国民俗文化［M］. 北京：北京大学出版社，2011.
3. 陈竟著. 中国民俗：剪纸技法［M］. 南京：江苏美术出版社，2011.
4. 殷登国著. 中国人的礼俗［M］. 北京：百花文艺出版社，2011.
5. 赵杏根，陆湘怀著. 中国民俗学通识［M］. 上海：东南大学出版社，2011.
6. 谭业庭主编. 中国民俗文化［M］. 北京：经济科学出版社，2010.
7. 乔继堂编著. 民间节日［M］. 天津：天津人民出版社，2010.
8. 论天龙主编. 民间酒俗［M］. 北京：中国社会出版社，2008.
9. 云中天编著. 礼仪——永远的风景［M］. 上海：百花洲文艺出版社，2006.
10. 叶涛著. 中国民俗［M］. 北京：中国社会出版社，2006.
11. 赵丙祥编著. 民居习俗——中国民俗文化丛书［M］. 北京：中国社会出版社，2006.
12. 黄景春著. 民俗文化——民间传说［M］. 北京：中国社会出版社，2006.
13. 陈勤建著. 生肖趣谈——中国民俗文化丛书［M］. 上海：上海古籍出版社，2005.
14. 周苏平著. 中国古代丧葬习俗［M］. 西安：陕西人民出版社，2004.
15. 孙民，赵旭编著. 民俗故事经典——插图本古代故事文库［M］. 沈阳：辽宁少年儿童出版社，2004.

中国传统民俗文化丛书

一、古代人物系列（9本）
1. 中国古代乞丐
2. 中国古代道士
3. 中国古代名帝
4. 中国古代名将
5. 中国古代名相
6. 中国古代文人
7. 中国古代高僧
8. 中国古代太监
9. 中国古代侠士

二、古代民俗系列（8本）
1. 中国古代民俗
2. 中国古代玩具
3. 中国古代服饰
4. 中国古代丧葬
5. 中国古代节日
6. 中国古代面具
7. 中国古代祭祀
8. 中国古代剪纸

三、古代收藏系列（16本）
1. 中国古代金银器
2. 中国古代漆器
3. 中国古代藏书
4. 中国古代石雕
5. 中国古代雕刻
6. 中国古代书法
7. 中国古代木雕
8. 中国古代玉器
9. 中国古代青铜器
10. 中国古代瓷器
11. 中国古代钱币
12. 中国古代酒具
13. 中国古代家具
14. 中国古代陶器
15. 中国古代年画
16. 中国古代砖雕

四、古代建筑系列（12本）
1. 中国古代建筑
2. 中国古代城墙
3. 中国古代陵墓
4. 中国古代砖瓦
5. 中国古代桥梁
6. 中国古塔
7. 中国古镇
8. 中国古代楼阁
9. 中国古都
10. 中国古代长城
11. 中国古代宫殿
12. 中国古代寺庙

五、古代科学技术系列（14 本）
　　1. 中国古代科技
　　2. 中国古代农业
　　3. 中国古代水利
　　4. 中国古代医学
　　5. 中国古代版画
　　6. 中国古代养殖
　　7. 中国古代船舶
　　8. 中国古代兵器
　　9. 中国古代纺织与印染
　　10. 中国古代农具
　　11. 中国古代园艺
　　12. 中国古代天文历法
　　13. 中国古代印刷
　　14. 中国古代地理

六、古代政治经济制度系列（13 本）
　　1. 中国古代经济
　　2. 中国古代科举
　　3. 中国古代邮驿
　　4. 中国古代赋税
　　5. 中国古代关隘
　　6. 中国古代交通
　　7. 中国古代商号
　　8. 中国古代官制
　　9. 中国古代航海
　　10. 中国古代贸易
　　11. 中国古代军队
　　12. 中国古代法律
　　13. 中国古代战争

七、古代文化系列（17 本）
　　1. 中国古代婚姻
　　2. 中国古代武术
　　3. 中国古代城市
　　4. 中国古代教育
　　5. 中国古代家训
　　6. 中国古代书院
　　7. 中国古代典籍
　　8. 中国古代石窟
　　9. 中国古代战场
　　10. 中国古代礼仪
　　11. 中国古村落
　　12. 中国古代体育
　　13. 中国古代姓氏
　　14. 中国古代文房四宝
　　15. 中国古代饮食
　　16. 中国古代娱乐
　　17. 中国古代兵书

八、古代艺术系列（11 本）
　　1. 中国古代艺术
　　2. 中国古代戏曲
　　3. 中国古代绘画
　　4. 中国古代音乐
　　5. 中国古代文学
　　6. 中国古代乐器
　　7. 中国古代刺绣
　　8. 中国古代碑刻
　　9. 中国古代舞蹈
　　10. 中国古代篆刻
　　11. 中国古代杂技